品嘗好書　冠群可期

武術 特輯

8

格鬥
空手道

鄭旭旭／編著

大展出版社有限公司

印行

前　言

　　「空手道是巧妙應用拳、腳，探究勝負的原理，進而達到超越勝敗的境地，是磨練精神、體魄、技術，探究真、善、美的動態的禪道。通過不懈的鍛鍊、嚴格艱辛的競技，掌握高級的護身之技，養成強健的身體和健全的精神，以信心和勇氣努力實踐，從而為人類社會的正義、和平、發展作出積極貢獻。」這是日本空手道家對空手道的一種解釋。

　　空手道包含有格鬥、健身和人格修養之價值。從事空手道練習者的原始動機可能不盡相同，但空手道本身就是一個徒手格鬥的技術體系，健身與人格修養是通過磨練這個技術體系來完成的。既然如此，在空手道之前冠以「格鬥」二字是否有嘩眾取寵之嫌？否！相對於以型（套路）為練習主體，對抗以「寸止」（即在擊中對方前一寸處停住）為判定方式的傳統空手道，本書介紹給讀者的是另外一種空手道的技術體系。

　　格鬥空手道吸取了傳統空手道中簡捷的擊打和防守技術，圍繞簡捷有效技術的應用形成訓練體系，不練套路或是在掌握了格鬥技術之後再練。在對抗比賽上，格鬥空手道突出之點在於採用直接擊打制。有戴護具的直接擊打，有不戴護具的直接擊打。技術以踢、打為主，有的流派還可以用快摔。與我國現行的散打比賽十分相近。但可用肘撞、膝頂，重擊打效果。相對於我國散手

清晰地擊中對方即得分，他們要擊得對方倒地或擊得對方失去防守意識才取得「有效」。

　　格鬥空手道的發展，再次表現出日本民族善於借鑒、兼容他人所長的優秀才智。他們在保持傳統空手道禮儀、精神和基本技術的基礎上，兼收並蓄各種徒手搏擊術之優點。他們與泰拳選手交戰，送優秀選手到泰國訓練；他們吸取拳擊訓練體系的特點，改造傳統的訓練方式；他們與韓國的跆拳道交流，汲取有益的養分；他們在歐美大地推廣空手道，又吸收那些自由奔放民族搏擊術的新鮮血液；我國的一些傳統技法，如臥地剪腿、搶背擊胸等技術，也已屢屢在他們的比賽中出現。他們重視吸取現代運動訓練學的方法，重視全面發展選手們的身體素質。這種空手道雖然曾被日本武道界的一些人說成「沒有傳統、沒有思想，穿著空手道衣的雜牌貨」，但許多日本青年認為要學自衛格鬥術，必須學習「格鬥空手道」。

　　在日本，格鬥空手道亦稱「實戰空手道」、「打架空手道」、「極真會空手道」、「硬式空手道」等。本書以基本技術——得意技；進攻——防守反擊；擊打威力的形成——訓練計劃的安排等九章，介紹格鬥空手道，並選繪出七百餘幅技術圖加以直觀解釋，力求系統、簡潔、實用，以期對格鬥空手道的愛好者有所幫助，並給從事散打教學與訓練的同道們提供一些有益的參考。

　　這僅僅是一本編著的小冊子，但若沒有業師和朋友們的幫助，本人就無法順利完成編著工作。借此，衷心感謝我尊敬的導師溫教銘教授、劉玉華教授。八年前，在武漢體育學院攻讀體育教育學碩士學位期間，他們對武術事業執著追求的精神和孜孜不倦培育後學的高尚品德，至今仍激勵著我。感謝引我入武術之門並不斷給我支持的袁鎮瀾老師。感謝洪正福教授的支持與指導。

感謝日本武道專家南鄉繼正先生的支持，感謝日本朋友宮平保、三浦伸也、屋比久敏明提供的幫助。廈門大學林建華講師對書稿提出許多寶貴意見，林陽東同志幫助抄稿，借此一並致謝！

鄭旭旭

1992 年 6 月

於廈門集美學村

目　　錄

第一章　格鬥空手道概說

第一節　關於空手道

「空手」原稱「唐手」，本義爲「從中國傳入的拳法」。在日本，有人認爲空手道是中國明朝時期由陳元贇傳入日本的，也有人認爲 14 世紀閩人 36 姓遷入日本的琉球群島時帶去的，還有人認爲是幾百年前到中國福建謀生的沖繩人，在福建習得中國拳法後帶回日本的。但也有人認爲，空手道並非來自中國，凡有人群居住的地方，在原始發展時期必定有人與人、人與獸的搏鬥，這種搏鬥就是日本空手道的萌芽。本世紀初，日本沖繩的空手道人士出於民族之自尊，將「唐手」改成「空手」。到本世紀 30 年代，這種改法得到較大範圍的承認。而作爲這種廣泛默許的歷史背景是中日甲午戰爭後，中國被視爲敵對國，帶「中國」、「唐」名稱的東西都受到一定程度的抵制。在日本，「唐」字的發音與「空」字相同，均爲「KALA」，而「空」的含義恰好與「赤手空拳」吻合。加上一個「道」字，就與「劍道」、「茶道」等一樣，不單是一門技術，而是一種人生修煉之道了。

　　儘管對空手道起源有著不同的說法，但有兩件事實是日本空手道界人士所公認的。其一，空手道原是在沖繩民間秘密流傳的一種徒手自衛術，是沖繩人船越義珍於 1916 年在東京武德殿公開表演之後，才以現代形式在日本本土迅速發展起來的。其二，現代日本空手道四大流派之一「剛柔流」空手道，承認本門宗師東恩納寬量曾在中國學拳數年，是東恩納寬量發展了剛柔流。剛柔流代表團幾番跨海入閩，尋找昔日祖師的遺跡。1989 年，他們在福建省體育中心設立了「顯彰碑」，紀念他們在中國的老師。沖繩剛柔流空手道訪華團 1992 年 6 月訪問福建體育學院時，表演了「三戰」、「十八」、「一百零八」等空手道「型」（中國稱之為套路），其技法結構與發力方式與福建南拳類似，其型的名稱仍保持福建方言的發音法。

　　1916 年，以沖繩人船越義珍的公開表演為契機，許多沖繩的空手道家到東京等地，致力於空手道的推廣工作。由於師承、流派之間的戒心，這些空手道家們從不橫向聯絡；而空手道的猛烈踢打，直接對抗容易造成傷害事故，不便以競技比賽的方式進行交流提高。這樣，就形成了以套路為中心、各自為體的普及推廣方式。

　　1930 年，宮城長順首先使用「剛柔流」作為自己流派的名稱，隨後自立名稱的空手道團體達 300 餘個。最大的四個流派除剛柔流外，還有「松濤館」、「和道會」、「繫東流」。這四大流派成為當今日本空手道許多流派的母體。

　　1949 年，以松濤館為主，聯合成立了「日本空手道協會」。但該會尚未具備領導全日本空手道界的實力。50 年代，以全日本錦標賽名義舉辦的比賽，每年有 20 餘個。但有名無實，參賽選手並沒經過逐級選拔，缺乏全國錦標賽之權威。

　　1964 年，成立了「全日本空手道聯盟」，空手道協會也加盟其中，並開始了有許多流派參加的「方寸」（即在擊中對手前一寸處停住）式對抗的比賽大會。1970 年，全日本空手道聯盟主持了第一次世界空手道錦標賽，並成立了「世界空手道聯合會」。這些實力強大的團體，在一些政治家、實業家的支持下，不斷地致力於把空手道推向世界，他們保持以「型」為中心的體系，對抗比賽採用「方止」。這是基於對空手道「一擊必殺」之威力的敬畏之心，我們且稱此種形式為傳統（或正統）空手道。隨著拳擊、摔跤、柔道等近代體育競技方式格鬥技的出現，有人對傳統空手道「一擊必殺」的威力產生懷疑，對缺乏靈活性的弓步站立方式的實用性產生懷疑。那猛烈的衝拳、彈踢可以斷磚、碎瓦，但作用在活動著的人身上又怎麼樣？那種不直接接觸、僅打在離對手一寸處即停住的方式是否有其實用性？那種「寸止」的判定方式，僅有利於先出招和手腳長的人，只要拳、腳先停在離對方身體（指得分部位頭、胸腹）一寸處即得點，擊打效果到底如何？對手是否可以在你擊中他之前的一瞬間反擊？是否可以在你擊他的情況下，以小虧換大便宜給你更重的還擊？對於這些，傳統的空手道全然不顧。這樣，防守反擊的技術就難以發揮，也降低了其實戰性。由於一方「寸止」，另一方仍在移動，相迎擊撞的傷害並非少見，故作為競賽項目，也不是絕對安全。而這種沒有碰撞就定輸贏的判定方式使觀眾看得稀里糊塗。於是，一些勇於實踐空手道中「武」的因素人士，便一直堅持進行直接擊打式比賽的研究。

第二節　格鬥空手道的發展

1929 年，東京大學空手道部的大學生們就開始研究穿戴護具進行接觸性實戰的實驗，但限於當時的條件未能繼續下去。

1953 年，由「鍊武會」作了戴護頭、護胸、護襠直接擊打的公開表演，開啓了直接擊打式空手道之先河。

討論格鬥空手道，還必須提到日本「極眞會館」空手道總裁大山倍達先生。

創立極眞會館的大山倍達是採用不穿任何護具，直接擊打制競賽方式的開山鼻祖。大山倍達 1923 年出生於日本東京，少年時代曾在我國東北和韓國度過。他從 9 歲開始學習空手道，就學於剛柔流門下，也受過松濤館的指導。青年時期曾懷揣日本兵書《五輪書》，入深山苦修空手道兩年，每天練功時間達 10 個小時。他還接受日本傳統的「怪力訓練」。那時，他體重 75 千克，百米賽跑接近 10 秒，舉起的重量已超出當時中量級世界紀錄。50 年代，他旅行美國等 25 個國家表演空手道，擊敗過美國職業摔跤手和拳擊手，曾在美國掀起「空手道」熱。他所著的兩部英文版的空手道書，售出量達 20 餘萬冊，創日本發行的英文版書最高紀錄。

他提倡「武道空手」、「技術在力量中」的觀點。1969 年極眞會主辦的全日本極眞會空手道比賽大會，比賽時除禁止以手擊頭部和禁止任何動作擊襠外，其餘部位均可直接攻擊。手腳肘膝並用，不分體重級別，不戴任何護具。比賽相當激烈，被高腿擊中頭部昏倒、被拳打斷肋骨的情況時有發生。而每次比賽之前，必有選手們的功力表演，以腳踢斷 80 厘米厚的冰塊，以頭或肘

擊碎十幾層磚，顯示出選手們猛烈的破壞力，從而增加了該流派的影響度。該流派又大量採用現代宣傳工具（電影、電視等）進行宣傳，所以很快地刮起了極眞會熱。傳統的空手道至今仍對極眞會館的做法有不少批評，但極眞會館的組織仍在不斷擴大。據1987年的統計，大山倍達所屬的極眞會館空手道在65個國家中擁有650個支部，有1000多萬名會員。

從1969年開始，他們每年舉行一次全日本比賽，每4年舉行一次世界比賽。據有關記載，極眞會空手道比賽的發獎儀式長達40分鐘，觀眾秩序井然，這在一般的體育競賽中是罕有的。只有被稱爲國技的「相撲」在日本一般民眾中才擁有這麼高的威望。人們認爲極眞會比賽的冠軍是實打實拼出來的，是過硬的冠軍。

大山倍達採用的技術體系，在直接進入自由對抗之前，要經過以下幾個主要階段的訓練：首先是步型、步法、手型、手法、防守法、腿法的基礎練習；其次是在行進中練習基礎動作；第三是進入「一本組手」、「三本組手」（組手爲兩人對打，一本組手就是以一次有效打擊即暫停，然後重新開始。三本組手則爲三次連續有效的打擊後暫停）；第四階段是自由組手，最後歸結爲「型」。「三戰」、「平安」等型仍是大山倍達極眞會館傳授的保留內容。作爲大山倍達本人的得意技，年輕時他擅長跳踢，即騰空而起用側踢或旋踢踢倒對方。到了中年時期，他以快速步法，繞到對手的身後，搶占有利位置，形成「我順人背」之勢再行攻擊。

現在的日本空手道，流派林立，被日本的一些雜誌稱爲「群雄割據的戰國時代」。他們大都互不往來，各自舉行比賽。但不穿戴護具的直接擊打式空手道大多出於大山倍達的極眞會門下。

他們之間的不同僅在於比賽規則和風格的差異，而整體技術是相同的。如被人稱爲「打架十段」的蘆原英幸，出師於極眞會館，但他的「蘆原會館」的技術特點，已經從大山倍達的「技術包含在威力中」演化出，他特別注重動作的合理性。他所追求的技術目標是：①合理的姿勢；②高速度；③高威力；④高技巧。

曾經獲得極眞會第一屆世界比賽冠軍的佐藤勝昭所率的「佐藤塾」空手道，則講究技巧。他認爲空手道最終還是技術第一，其次是速度，然後是威力。他認爲現在的直接擊打制空手道太重視擊打威力，這樣造成技術單調，這不是眞正的空手道。他提倡按體重分等級比賽，以便於技巧的發揮。

以東孝爲旗幟的「大道塾」，被日本武道界稱爲「以極眞會爲母體，站在革新最前沿的團體」。東孝曾獲得極眞會館第 9 屆全國錦標賽冠軍，他所組織的「黑斗旗」比賽在規則上最接近實戰。相對於傳統的「寸止」制比賽，它是直接擊打制；相對於極眞會空手道的不能用手擊頭制，它是戴頭盔，允許手擊頭，允許快摔。雙方體重相距較大時，還允許穿護襠擊襠。大道塾的整個技術體系是建立在競賽規則上的。東孝小時練習其他武道，他改事空手道訓練，是基於「以小制大」、「以柔克剛」這一目標的。一般練習柔道或拳擊，輕級別勝重級別幾乎不可能，而空手道的踢、打、摔、跌的全面性攻擊，使「以小勝大」成爲可能。

1991 年在日本東京舉行的第 5 屆極眞會館世界錦標賽中，身高僅 168 公分的日本選手綠健兒，靠自己靈活的技巧、凌厲的騰空進攻腿法，屢屢戰勝身高 190 公分以上、體重 90 多公斤的對手，登上冠軍寶座，爲「以小制大」提供了活生生的有力例證。東孝創立的「黑斗旗」空手道比賽，打破流派界限，凡承認其競賽規則的團體，均可參加大道塾的比賽，爲多種流派的交流

創造了條件。

　　大道塾空手道技術主要是打和踢，也可以用快摔。摔倒對手之後要用「寸止」的形式加擊才得分。有人這麼說，大道塾空手道的技術，拳是用拳擊的方法，步法是用跆拳道的。對此，東孝認為：作為徒手格鬥，講拳法最好的是拳擊，講踢法最強的是極真會，講摔法最優秀的是柔道。正因為拳擊比賽不能用腳，所以拳的打法發達；極真會不許用拳擊頭，所以踢法特別講究；不能踢、打，則抓、別、靠、摔的方法就發展。如果拳擊比賽可以用腿，那麼腳的站立姿勢、步法、防守也不一樣了。看黑鬥旗比賽，或許會感到拳法用得不如拳擊，踢不如極真會，摔不如柔道，但這種看法實際上是欠妥的。這種狀態正是三種組合之後的變化。三種組合才最接近格鬥實戰。

　　我們把適應直接擊打制比賽的空手道技術體系稱為格鬥空手道。相對於傳統空手道豐富的手型、手法，格鬥空手道的技術是簡潔但也是實效的。它的技術體系仍在不斷充實，只要在踢、打、摔的範圍中，經實踐證明可行就被採用。套路（型）一般不練，或是在掌握了實戰技術之後再練一小套。但那種套路與傳統套路已經有很大的區別了。沒有弓步、馬步、貓足（虛步）之類的步型，而是幾組手足組合技的再結合，作為記憶、熟練組合動作的一種手段。

第二章　基本技法

第一節　準備活動

在練習格鬥空手道技法之前，應先跑跑步。可以在屋外跑，也可以在訓練場上繞圈跑，也可以跳繩慢跑，或背著同伴跑。跑到身體一定程度發熱後，再進行以柔軟體操為主體的準備活動。

柔軟體操對於格鬥技來說是基礎條件之一。良好的柔韌性不僅能減小損傷，而且能使動作流暢，使動作達到完美的境地。

一、柔軟體操的應用

㈠靜止性練習：維持一個姿勢如正壓腿，或前俯腰，靜止10秒左右，再換一種姿勢靜止10秒左右。這種靜止性的柔軟體操練習法，特別適應於關節較緊和年齡稍大的人。

㈡靜止性柔軟體操練習之後，可以採用集體口令的方式，用較快的頻率壓到靜止時無法伸展的角度。

㈢在練習課中途，即基本動作和組合動作練習結束後，再做12分鐘左右的柔軟體操，以適應下半段兩人對抗練習。

二、實例

以下幾種動作伸展到最大限度後，均停住 10～15 秒。

(一)頭部伸展：

　1.兩手交叉抱住後腦部，使頭部向前屈至最大限度（圖1）。

　2.上體不動，頭部後仰到最大限度（圖2）。

圖1　　　　　圖2　　　　　圖3　　　　　圖4

(二)腕部伸展：

　1.一手抓握另一手，向伸腕方向壓（圖3、4）。

　2.一手抓握另一手，向屈腕方向壓（圖5、6）。

(三)肩帶肌伸展：

　1.兩掌背相合，兩臂垂直上舉於頭部上方（圖7）。

圖5　　　　　圖6　　　　　圖7

2.兩臂屈肘上舉於頭部後側，一手抓握另一手的肘部，向同側拉帶（圖8、9）。

㈣胸、腹的伸展：身體直立，兩手叉腰，頭部後仰，使上體向後伸展（圖10）。

㈤體側肌的伸展：

圖8　　　　圖9　　　　圖10

1.兩腳開立與肩同寬，兩臂伸直上舉，兩手互握，以手帶上體向一側傾斜（圖11）。

2.兩腳開立與肩同寬，下肢不動，上體向後扭轉，面向牆壁，以兩手觸壁（圖12）。

㈥小腿後側肌群和踝關節的伸展：兩腳前後開立，兩腳後跟著地，前腿膝關節彎曲，後腿的膝關節也稍彎曲（圖13）。

圖11　　　　圖12　　　　圖13

(七)大腿前側肌群的伸展：身體直立，單手或雙手抓住腳踝關節，讓腳後跟貼緊臀部（圖14）。

(八)大腿後側肌群的伸展：兩腳開立與肩同寬，上體前俯頭上抬，以手抓握腳脖子（圖15）。亦可慢慢讓胸部貼緊小腿。

圖14

圖15

(九)大腿內側肌群的伸展：

1.一腿屈膝全蹲，一腿伸直腳尖翹起，腳跟著地成仆步，身體下坐使伸直的腿貼近地面（圖16）。

圖16

圖17

2.坐姿，兩腳掌相合，以兩手或兩肘下壓兩膝（圖17）。

(十)膝關節屈伸：兩腳開立與肩同寬，屈膝半蹲，腳跟提起，

兩手搭在兩膝上，靠膝關節屈伸，身體上下運動（圖18）。

圖18　　　　　　　　　圖19

㈡鐵牛耕地：兩手以五指撐地，兩臂伸直，兩腳分開，略寬於肩（圖19），隨後屈肘，胸部下降貼近地面，隨即五指撐地，兩臂撐起伸直，先抬頭部和上體（圖20、21），繼而臀部向上移成圖19姿勢。

圖20　　　　　　　　圖21

以上是柔軟體操的示例。一個動作壓到最大限度，靜止10～15秒，或更長一些。左右肢交替進行，以把身體各部位充分活動開爲目的。柔軟體操亦可雙人進行練習。

第二節　基礎技法

一、站立姿勢（預備勢）

以下以左腳在前的「左架」為例（也可採用右腳在前站立姿勢）。

兩腳開立，略寬於肩；兩手握拳，分別置於身體兩側，拳眼朝前；頭正、肩平，微收腹，目視正前方（圖22）。

承上動。左腳向斜前方上步，腳尖微內扣，兩腳之間距離與肩同寬，前後腳跟成45度角，兩膝微屈，身體重心均勻分布在兩足之間；兩臂上舉在頭部前上方交叉後，下降，兩手握拳置於下頦下方，拳面斜朝前方，雙拳護住下頦，兩眼正視前方，兩肘自然下垂護肋（圖23、24）

圖22　　　　　圖23　　　　　圖24

要點：兩腿不要站成前後一條直線，否則側面平衡難以維持，後手、後腿的出擊也不方便。兩腳跟之間的橫向距離一般是20～20公分，以舒適、富有彈性為度。

二、手技

㈠上段左衝拳：預備勢站立。體重稍移到左腿，左前臂內旋，利用手臂旋轉和肩部的力量左拳向前衝擊，以拳面攻擊對手

頭部（圖25）。手臂伸直後迅速回彈成預備勢。

要點：眼視對手，出拳時上體像被固定在直徑與肩同寬的圓筒中，繞垂直軸右轉，不要前、後、左、右傾斜。出拳不要有預兆，要輕快而有彈性。

圖25　　　　　　　　圖26

㈡中段左衝拳：動作要領與上段左衝拳同，擊打目標為對手心窩（圖26）。

說明：左衝拳也稱前手拳，它常用於為後手拳的重擊或腿擊刺探對手，所以僅用肘的彈性出擊，膝部也不要彎曲，輕巧擊打，有突發性。從擊對手頭部，突然轉到擊心窩，要出乎對手意外地改變角度才能產生效果。若要打出擊倒對手的前手拳，則需要屈膝，降低重心，還要加上蹬地、身體向右旋轉的力量。

㈢上段右衝拳：預備勢站立。以右拳引右臂前伸，右臂邊伸邊內旋，手臂快伸直時，右腿後蹬，拳像彈簧一樣擊出；右拳擊出時，左拳護住左下頦（圖27）。

要點：發動順序為拳起、肘隨、肩催。右拳衝出時，體重移至左腿，但膝關節要保持彈性，上體不要過分向前，臉部仍正對前方。蹬腿時右腳後跟提起並外轉，向左擰腰送右肩。

㈣中段右衝拳：動作要領同上段衝拳（圖28）。

要點：與中段左衝拳一樣，這是靈活應變之招，以出乎意料狀態下出拳才有效。要擊出有威力的右中段衝拳則須屈膝下降重心。

圖 27　　　　　　　　　　　　　　　圖 28

㈤上段左側拳：預備勢站立。左腳蹬地，左腳跟提起外轉，左膝內扣，催上體繞垂直軸向右旋轉 45 度；同時左肘上抬與肩平，前臂與上臂形成約 135 度夾角，靠蹬腿轉體力量，左拳拳心向下以拳面為力點向中線描圓弧擊打；此時肩部亦繞垂直軸水平線移動（圖 29、30、31）。

要點：左側拳擊出後，肘關節迅速下墜，回彈到預備勢。

㈥中段左側拳：動作方法與上段左側拳略同，以擊對手的肋部為目的（圖 32、33）。

要點：注意右拳保護右頦，右肘保護右肋。

㈦上段右側拳：預備勢站立。右腳蹬地，腳跟提起外展，向左轉腰；邊轉邊提右肘，右拳拳心朝下，隨向左轉體描半圓弧向左橫擊；右拳橫擊時，左拳護左下頦，左肘護肋（圖 34、35）。

要點：右拳擊打的路線與下頦同高，肘關節抬起與肩平，上

臂與前臂夾角略大於 90 度。

圖 29　　　　圖 30　　　　圖 31

圖 32　　　　　　圖 33

圖 34　　　　　　圖 35

(八)中段右側拳：動作路線與上段右側拳類同。向左轉體時，右拳下落與肘同高，上臂與前臂的夾角仍為 90 度，靠蹬腿轉腰發力，以拳面擊打對方肋部，拳心向下（圖36、37）。

圖36　　　　　　　　　　圖37

要點：若對手是右腳在前的預備勢，則可擊對手心窩，但出中段右側拳時，身體不必像拳擊選手那樣沉得那麼低。

(九)上段左勾拳：預備勢站立。身體向右微轉，左肩向前送出，將護在左頰旁的左拳移到身體的正面；左腳蹬地，整個身體向上撐起，帶左拳螺旋式地向上擊打，拳心朝裡；右拳護頰，右肘護肋（圖38、39）。

圖38　　　　　　　　　　圖39

要點：整個蹬腿轉體上勾過程中，上臂與前臂夾角約 45 度左右，像火鉤一樣。

㈩中段左鉤拳：左拳下落到左肋，利用這下落回縮之力，以拳面爲力點，朝前描半圓弧線擊打對手的心窩（圖 40、41）。

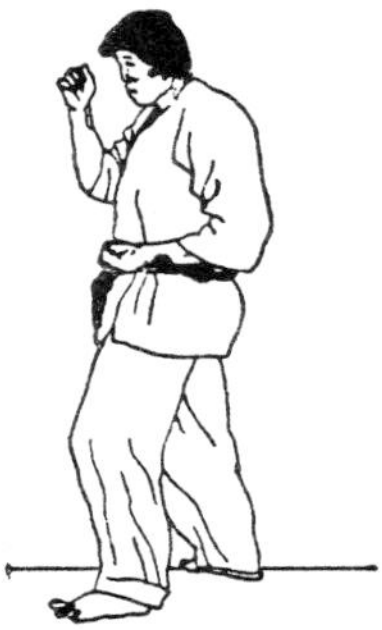
圖 40

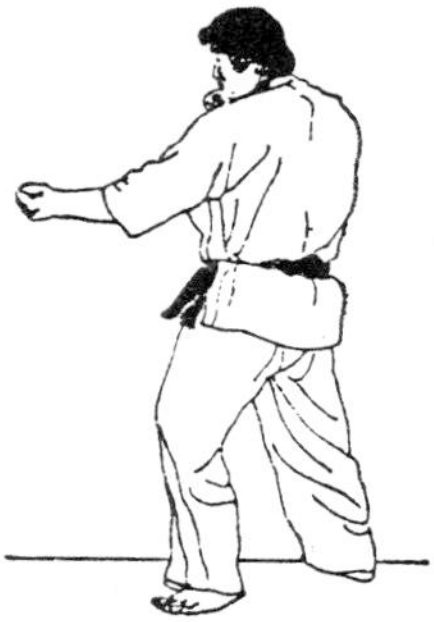
圖 41

(十一)上段右勾拳：預備勢站立。右腳蹬地，身體左轉，右肩亦向左向前轉 90 度；右拳隨轉體，描圓弧從下向上螺旋式擊出，拳背朝前（圖 42、43）。

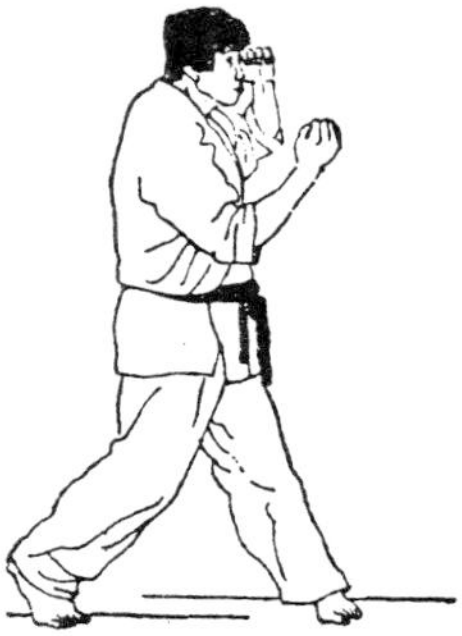
圖 42

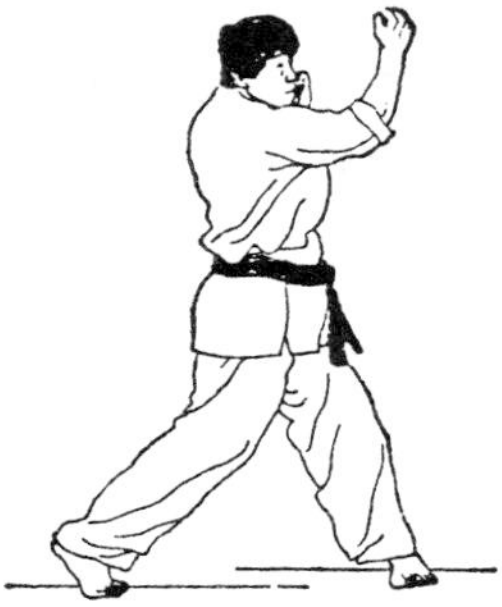
圖 43

要點：蹬地轉體，以全身向上撐起的力量將拳擊出，前臂與

上臂夾角約大於 45 度。出拳時，眼睛一定要盯著對手。

(吉)中段右勾拳：發力順序同上段右勾拳，僅前臂放低，擊打對方的腹肋（圖 44、45）。

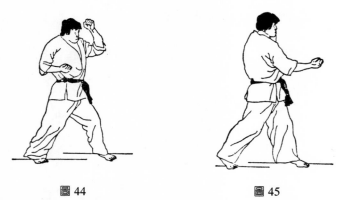

圖 44　　　　　　　　　　圖 45

(吉)左右肘擊打：預備勢站立。身體右轉，左肩向前向右旋轉，同時左拳急落於右胸前，左肘抬起與肩同高，隨轉體向右橫擊（圖 46、47）。上動不停，右腳蹬地，右肩向前向左旋轉，右肘上抬與右肩平隨轉體向左橫擊。

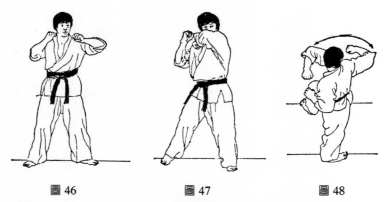

圖 46　　　　　　圖 47　　　　　　圖 48

要點：以肘尖為力點，肘靠蹬地轉體的力量水平橫打，肘擊

的弧線與肩平行（圖 48）。注意左肘橫擊時右拳右肘護住右頰右肋，右肘橫擊時左拳左肘護住左頰左肋。

以上十三種方法是格鬥空手道最基本的手技，無論哪個動作，都要求富有彈性，一個動作擊出後迅速回彈成基本姿勢，爲下一次出擊做好準備，這點在練習中必須加以注意。

作爲一般練習，每次可練習上述手技原地左右 15—20 次。衝拳的節奏一般初學時控制在 15 秒 20 次左右。每個動作要迅捷，動與動之間可以略有間歇。這與中國武術的「動迅靜定」的要求是一致的。

三、足 技

(一)足技的基本方法：足技的頻繁使用，是格鬥空手道技術特點之一。這一點相對於我國南拳講究步穩、不高踢，是大大變化了。

空手道腿法中有站立式的前踢、橫踢、旋踢、後踢，特別是上段旋踢是格鬥空手道比賽中最常見、也最具威力的腿法。

足技，大都是利用膝關節的彈性，向前或向側或向後踢擊，但必須使用轉腰送髖帶來的力量。作爲足技的共同問題必須加以注意的有：

1. 支撐腿的膝關節屈伸度和膝蓋朝向。

2. 支撐腿腳尖的朝向。

3. 支撐與擺動腿之間的角度。

4. 擊打時的接觸點是腳背、腳脖子、足底、足刀還是後跟？

基本練習時，在弄清動作的正確路線之後，就必須注意實際應用時的變化。例如前踢腿，擊打的距離有遠近不分，攻擊的部位有上、中、下之別，重心又有移與不移之差，出腿還有送髖與

不送髖的講究。所以，單個動乍要探索各種可能性，進行反覆的變換練習。

足部各部位名稱如圖 49、50、51 所示。

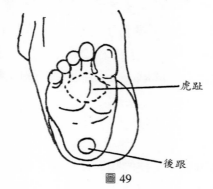

虎趾

後跟

圖 49

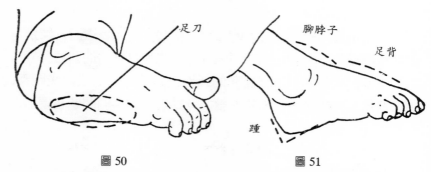

足刀

腳脖子

足背

踵

圖 50　　　　　　　圖 51

1.正面前踢（右腳）：腰稍後收，用力向上提膝（圖 52、53），利用膝關節的彈力，腳面繃平，以虎趾為力點，向腰的前上方彈出（圖 54）。

要點與說明：

⑴要邊提膝邊彈，腿伸出時要送髖。此法踢到對手肋部效果較好。

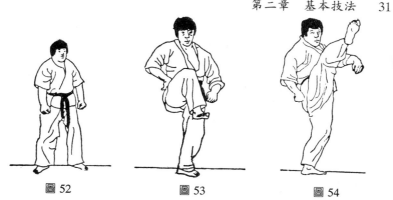

圖 52　　　　　　　圖 53　　　　　　　圖 54

(2)如果膝不高提，僅用膝的彈性由下向上彈踢，容易被對手用提膝防住，而且對手用提膝容易擋痛我方之虎趾。

(3)注意腿踢出時兩腳之間角度不要太大，以防對手撩襠腿反擊。

正面左腳前踢的動作方法、要點與右腳正面彈踢同。

2.正頂膝：以膝蓋爲力點，像要收到胸部一樣用力上提，上提之腿腳面繃平，腳尖朝下（圖55、56）。圖57爲跳起右腿正頂膝。跳頂膝時，要以右腿上擺帶動左腳蹬地。

要點：大腿後側與小腿後側要夾緊。

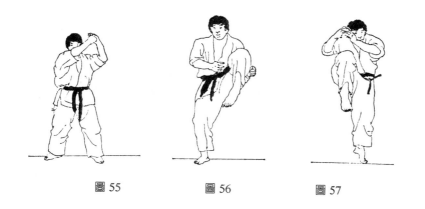

圖 55　　　　　　　圖 56　　　　　　　圖 57

3.**橫踢**：橫踢的動作與我國的側踹同，力點在腳後跟（足刀的動作與此類同，但力點在足刀，與我國的鏟腿同）。

先提左膝（圖58）；右腿支撐以前腳掌爲軸，腳跟內扣，同時，左腿利用伸膝的彈性和向右微轉體的力量，以左腳跟爲力點向左前上方踹出（圖59）。踹出後支撐腿回轉還原，左足收到支撐腿的膝關節內側（同圖58），再落地。

要點：支撐腿的腳後跟要朝向腿踢的方向。

圖58　　　　　　　　　圖59

4.**右旋踢**：旋踢是格鬥空手道中最常用、威力最大的足技，是橫向進攻的腿法，攻擊部位分爲上段、中段、下段。

預備勢站立。右小腿與大腿夾緊，膝部向右側提起，腳後跟與膝關節同高且與地面平行（圖60）。上動不停，支撐腿以前腳掌爲軸，腿跟內扣，身體左轉；右腳利用轉身與膝關節彈性，以腳脖子爲力點，向前上方橫踢（圖61）。整個動作橫向旋轉半周。

要點：小腿要橫向高提，使脛骨與地面平行，然後橫向旋踢。若不先側提再斜向上踢，則不容易發揮轉體鞭打的力量，也容易撞到對方的肘尖上。

輔助練習法:

(1)膝向側上方提, 用手壓住增大阻力 (圖62)。

(2)用橫叉練習等增大髖關節的伸展性。

(3)以手扶牆或它物做輔助練習, 反覆練習支撐腿腳跟內扣、轉腰和擺動腿的鞭打的協調發力。

圖60　　　　圖61　　　　圖62

5.**後踢:** 右腿微提膝, 小腿後側與大腿後側收緊, 身體微右轉並前俯, 以腳後跟為點, 向右後上方踹出 (圖63、64、65、66)。腿一伸直即回彈成出擊前姿勢。

要點: 提膝時大腿內側不要側抬, 注意保護襠部。

圖63　　　　　　　　圖64

圖 65

圖 66

6.上段回身旋踢（後旋踢）：左腳向前上一小步，腳跟提起外轉，同時身體右轉（圖 67、68）；利用轉體帶左腳跟外轉之力，右膝提起，右腿邊擺邊伸直，以腳踵爲力點，向後上方旋踢（圖 69、70）。腳一擊出迅速屈膝回收，可根據情況向前下落，

圖 67　圖 68　圖 69　圖 70

或回落成預備勢。

　　前踢、後踢、橫踢、旋踢、回身旋踢五種足技擊打路線的比較，可參見圖71「踢的路線俯視圖」。

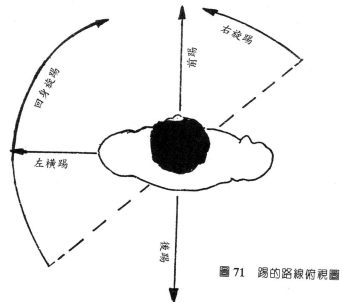

圖71　踢的路線俯視圖

　　7.三日月踢（裡合腿）：三日月踢（裡合腿）在我國也稱刮面腿，它以腳底橫向擊打對方的臉部。三日月踢屬於大幅度腿法，使用的難度較大，但歐美的一些身高腿長的空手道選手，屢屢用此技在比賽中奏效。

　　預備勢站立。身體微左轉，左腳跟內扣；右腿伸直，隨轉體向右前方擺起，腿擺起高度過肩即向裡合（圖72、73）。

　　三日月踢除用手進攻外，還用於防守，稱為「腳底掃受」，它類似中國的纏絲腿，以橫攔之勁，攔住對手的足刀或前踢腿（圖74、75、76）。

圖72

圖73

圖74

圖75

圖76

8.踵壓腿：它類似中國的外擺腿，但擊打路線是從上向下。從預備勢開始，重心微後坐，落在右腿上；左腿直腿勾腳背向右斜上方擺，腳高過頭，再左擺至對方頭部上方，以腳踵為力點，從上向下壓打（圖77、78）。

圖 77

圖 78

9.**踢膝關節**：預備勢站立。提左膝，左腳停於右膝內扣，隨即支撐腿腳跟內扣，左腳以足刀為力點，從上向下斜踢對方膝關節（圖 79、80）。

圖 79

圖 80

要點：一踢出即迅速收回。支撐腿的旋轉、微轉體和擺動腿的屈伸要巧妙協調。可以從前、後、內側、外側四個方向踢對方關節。

10.**撩襠腿**：撩襠即是從下向上踢對方襠部。以足背為力點的撩襠腿是正統的方法，除此外，還有用虎趾為力點踢（圖 81）、用脛骨中段為力點踢（圖 82）、用後跟為力點踢（圖 83）及膝踢（圖 84）、旋踢（圖 85）。

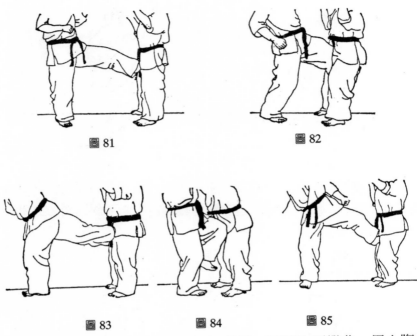

圖81　　　　　　　　　圖82

圖83　　　　圖84　　　　圖85

11.足拂：預備勢站立。右足刀外擺，腰膝均不彎曲，用小腹前挺之力量，以右腳腳弓內側為力點向斜前方拂割（圖86、87）。

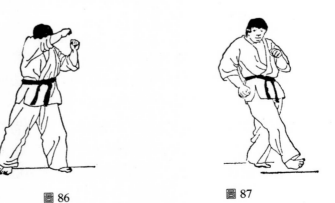

圖86　　　　　　　　　圖87

(二)運用上段足技的要點：

1.上體和擺動腿要協調，特別是橫踢，正確的姿勢應是上體與踢出之腿成一直線。旋踢亦是如此，旋踢動作完成時上體應與伸直之腿在一條線上，這樣踢出的力量最大。而初學者易犯之毛病爲腿踢出時，上體從腹部起向前傾，或側傾太大，這樣，動作的準確性，以及平衡的穩定性和支撐力會被破壞。身體側傾以45度左右爲宜。

2.支撐腳的朝向：用上段腿法時，支撐腿基本上都有以前腳掌爲軸、腳跟旋轉的動作。腳跟旋轉之後前腳掌與對手之間夾角的大小關係到能否正確地發力和維持平衡。一般是夾角越大，平衡就越穩。

3.重心線：上段踢時一腿支撐，重心是以臀部爲中點的。腿擊出時臀部應當位於支撐腳的正上方，臀部向前或向後都會造成不穩。

4.髖關節的伸展度：髖關節伸展性直接關係到高腿起得是否順暢，因此必須注重髖關節橫向伸展的練習。

第三節　組　合　技

用一次（或二次）攻擊迷惑、打亂對方的防備，第二、第三次攻擊則重炮轟擊，這是格鬥空手道組合技進攻的目的。

在基本練習中，掌握了單動的技法，接著就是把基本方法組合起來，進行連續攻擊的練習。傳統空手道有「一擊必殺」之說法，但這僅限於特殊的情況：對手的體力和技術低劣，或是你的技術、體力超人，或是採用突然襲擊方式。在競技場上，雙方身心都作了充分準備，在裁判、觀衆的監督下堂堂正正地比賽，而

人在精神高度緊張的狀態下，全身各種潛力被激活，日常不能承受的打擊，到那時也變得無足輕重，所以「一擊必殺」談何容易。

也有人認為，「把勁蓄足，準確地擊打，『一擊必殺』還是可能的。『一擊必殺』才是空手道與拳擊的不同點。」但現代空手道的對抗，已經不是光使用直衝、前彈腿技術的時代了，在對方拳腳交加、上下左右多點進攻之中，能完全準確地判斷對方的動作，或擋或揮，能在不被對方擊中的前提下，接近對方，然後使足全身之力擊中對手是困難的。所以練習組合技十分必要。

組合技可以分為兩大類，即單邊組合和交叉組合。單邊是左拳接左拳、或左腿接左腿、或左腿接左拳；交叉組合是左右肢交叉進攻，攻擊也是上、中、下三段交叉而行。一般先練手技組合，再練手足組合。

組合進攻不能固定在一條直線或一個面上，要配合左閃、右躲，起伏交錯。第一動的結束應是第二動的最佳的發力準備勢。步法的變化，身體的擰轉，第一動擺動腿的落點都應該為下一次攻擊創造最好條件。整個身體要像彈簧一樣，形成一觸即發之勢。如我國傳統的說法「一身備五弓」，蓄而待發。

手足組合技亦作為移動練習，即配合進、退、閃、轉進行攻守練習，這是格鬥空手道練習的必經之路。

組合技的第一擊多含有假動作的意味，第一動要輕快、迷惑對手；第二動則採用著實有力的打擊。但有時對方有隙可擊，第一擊就要重擊，這就是虛實相兼了，即所謂「運用之妙，存乎一心」。

一、手技組合

(一)左衝拳兩次連擊：預備勢站立（圖88）。第一次衝拳輕擊（圖89），一擊即彈回；第一次擊打要送肩轉髖（圖90）。

圖88　　　　　圖89　　　　　圖90

(二)左衝拳→左側拳：預備勢站立。出左拳時，右拳護住右頰（圖91）；左拳伸直後即屈時，左臂成勾，左腳跟外轉，左膝內扣，身體右轉帶左拳向右橫擊（圖92、93）。

圖91　　　　　圖92　　　　　圖93

(三)上段左右衝拳：預備勢站立。原地出左直拳（圖94）；左

拳收回同時出右拳，出右拳要蹬腿轉腰送肩，體重百分之七十壓在左腿上（圖95）。

圖94　　　　　　　　圖95

（四）上段右左衝拳：此組合常用於阻截對手的右旋踢。預備勢站立。右衝拳要蹬腿轉腰送肩（圖96、97）；右拳收回的同時，左衝拳擊向對方頭部（圖98）。

圖96　　　　　圖97　　　　　圖98

（五）左右側拳：預備勢站立。左腳蹬地，後跟提起，左膝內扣身體右轉，同時左臂屈成135度左右，左拳拳心向下，隨轉體向右橫擊（圖99、100）；上動不停，右腳蹬地，身體左轉，打右側拳（圖101）。

圖99　　　　　　圖100　　　　　　圖101

㈥四連擊：預備勢站立。左腳向前一步，同時左衝拳擊頭（圖102），右腳跟上半步，重心下降，轉腰送肩右衝拳擊胸（圖103）；上動不停，向右轉身，重心上升同時左側拳向右橫擊（圖104）；上動不停，腰微下沉，右拳向前上勾，拳心朝裡（圖105）。

圖102　　　　　　　　　　圖103

圖104　　　　　　　　　　圖105

二、手足組合

為了使學習者更直觀地理解手足組合技的攻擊方法，本文採用雙人對峙圖來說明。

(一)以衝拳為引的組合：

1.左衝拳→右衝拳→右中段旋踢→左下段旋踢：預備勢站立（圖106）。以左衝拳為牽制拳，右衝拳為重炮強打。左合兩拳一氣呵成（圖107、108）。若對方後退，則借助擊右拳時重心移到左腿之勢，用右腿中段旋踢進攻（圖109）；若右腿被擋或擊中效果不佳，右腿迅速回落，以左腳旋踢踢對方左大腿內側（圖

圖106　　　　　　　　圖107

圖108　　　　　　　　圖109

圖 110

110)。右腳的落點和朝向必須根據對方的距離和位置來調整，以利於左腳旋踢的發揮。

2.左中段衝拳→左側拳→右上勾→右撞膝：預備勢站立。左腳向前上步，右腿跟進，身體下沉，同時左衝拳擊對方心窩處（圖 111）；上動不停，兩腳蹬地，重心上升，以左側拳擊對方頭部（圖 112）；左腳向對手的右側上步，身體微左轉，右拳向上勾擊對方下巴（圖 113）；緊接上動，身體左移，左手壓住對方右肩，右手從對方右肩向右勾住其脖子往下拉，迅速提右膝橫撞對手（圖 114、115）。

圖 111

圖 112

圖 113　　　　　圖 114　　　　　圖 115

3.左衝拳→左前踢→轉身後踢→左下段旋踢：預備勢站立。
以左衝拳擊對手頭部（圖 116）；上動不停，右腳上步落在左腳
處，提左膝，腳趾翹起，以足底虎趾為力點朝對方心窩前踢（圖
117）；左腳積極下壓，頭向右轉帶身體向右後轉，右腿後踢對方
腹部（帶有撩擺。圖 118）；借助慣性身體右轉，右腳回落，以
左腳旋踢擊對手小腿後外側（圖 119）。

圖 116　　　　　　　　　　圖 117

圖 118　　　　　　　　　　圖 119

4.左衝拳→左上段旋踢→右中段旋踢→左衝拳：預備勢站立。左腳上步，右腳跟進，以左刺拳迷惑對手（圖120）；上動不停，右腳向左側蓋步（圖121），左膝迅速向正前上方提，給對手造成我欲用左前踢的感覺（圖122），上體迅速向右轉，右

圖120

圖121

圖122

圖123

圖124

圖125

腳腳跟內扣，左小腿側提，即旋踢對方頭部右側（圖123）；上動不停，左腳積極下壓，改用右旋踢攻擊對方中段（圖124）；右腳下落，左衝拳繼續追擊（圖125）。

　　㈡以左側拳、上勾拳爲先導的組合：一般都是以左直拳、前低踢爲先導進行試探性進攻。以左側拳、勾拳爲先導的進攻，容易被對手的衝拳所阻截，所以要求靠身體的閃擺尋找恰當的角度和時機進攻。

　　1.左側拳→右側拳→左撞肘→右撞肘：預備勢站立。左腳向左前上步，右腳跟步，身體右轉，左膝內扣，以左側拳擊打對手右頰（圖126、127）；上動不停，右腳蹬地，身體左轉，右側拳擊打對方左頰（圖128）；上動不停，左腳蹬地，身體右轉，以

圖126　　　　　　　　　　　圖127

圖128　　　　　　圖129　　　　　　圖130

左肘向前、向右橫擊對手頭部（圖129）；緊接上動，身體左轉，右肘以向前拋物線的弧，從上向下擊對方頭部（圖130）。

　　要點：左右交叉出擊時要注意利用擊打重心變化後的蹬腳發力。連擊要富有彈性。

　　2.中段左側拳→右衝拳→右下段旋踢→左側拳：預備勢站立。左腳上步，身體下沉，左側拳擊對手心窩（圖131、132）；兩腳前掌蹬地，身體上升，同時以右衝拳攻擊對方的下頦（圖133）；左腳向右後微滑，並注意使腳跟朝向對方，右膝上提再向下旋踢對方的左大腿部（圖134、135）；身體右轉，右腿回落，

圖131　　　　　　　　　圖132

圖133　　　　　　　　　圖134

左衝拳攻擊對手頭部（圖136）。

　　要點：連續進攻要根據對方的位置調整自己的身體的轉向，支撐腿要滑動調整。

圖135　　　　　　　　　圖136

　　3.左上勾→右側拳→左下段旋踢→右上段旋踢：預備勢站立。左腳上步，打左上勾（圖137）；上動不停，身體左轉打右側拳（圖138）。上段兩次進攻均被對手躲過，則重心回移，以左旋踢擊對手右大腿後側（圖139）；左腳收回落在右腳旁，身體左轉，右腿提起旋踢對手頭部（圖140）。

圖137　　　　　　　　　圖138

　　4.左中段上勾→右衝拳→左上段旋踢→右轉身後旋踢：預備

圖 139 圖 140

勢站立。左腳上步，左勾拳擊對手的胸部（圖 141）；上體左轉，變右衝拳擊對手頭部（圖142）。此時對手若後仰，可原地出左

圖 141 圖 142

圖 143 圖 144

下段旋踢擊對手左腿；若對
手後退，則上右腳，左腳上
段旋踢擊對手頭部（圖
143、144）；對方若再後退
閃開，則左腿下落，身體右
轉，以右上段回身旋踢追擊
對手（圖145）。

圖145

㈢以右衝拳為先導的組合：

1.右中段衝拳→左側拳→右側拳→右下段旋踢：預備勢站
立。左腳上步，身體左轉，出右衝拳擊對手肋部（圖146）；上
動不停，重心迅速上升，身體右轉以左側拳擊對手頭部（圖
147）；上動不停，身體左轉以右側拳擊對手頭部（圖148）；左

圖146

圖147

圖148

圖149

腳向右後滑一小步，同時右下段旋踢擊對手腿部（圖149）。

　2.右中段衝拳→左衝拳→右側拳→左上勾：中段衝拳擊打對手，對手一般的反應是迎擊或後退，或收緊腹肌頂住，馬上反擊。對於後一種情況，這個組合最奏效。預備勢站立。左腳上步，身體左轉右衝拳擊打對手肋部（圖150）；身體重心升起，左衝拳擊打對手頭部（圖151）；左腳上步追緊，右側拳擊打對手頭部（圖152）；上動不停，左腳蹬地以左拳上勾擊對手下頦（圖153）。

圖150　　　　　　　　　　　圖151

圖152　　　　　　　　　　　圖153

　3.右中段衝拳→左側拳→右頂膝→左右撞肘：預備勢站立。

左腳上步，右腿跟進，重心下降，身體向左轉，以右衝拳擊對手腹部（圖154）；上動不停，重心上升以左側拳擊打對手頭部（圖155）；上動不停，兩手抓住對手頸部，右膝前頂對手大腿（圖156）。此招可根據對手後退的狀態，用足背、脛部或虎趾擊其襠部。上動不停，右腳回落，身體微右轉，左肘抬起向右橫撞（圖157），繼而身體左轉，右肘提起向左橫撞（圖158）。

圖154　　　　　　　　　圖155

圖156　　　　圖157　　　　圖158

4.右衝拳→左上段旋踢→左衝拳→右側拳：預備勢站立。左

腳上步，右腳跟進右衝拳擊對手頭部（圖159）；若對手後退則右腳上步（圖160），起左腳上段旋踢（圖161）；上動不停，左腿積極下壓，以左衝拳擊對手頭部（圖162）；緊接用右側拳擊對手頭部（圖163）。

圖159　　　　　　　　圖160

圖161　　　　圖162　　　　圖163

(四)以右側拳為先導的組合：

1.右側拳→左上鉤→左側拳→右撞肘：這是一組近身短打連擊，如圖164至167所示。第一動左腳上步右側拳擊出後，要靠身體的擰轉來尋找進攻的空隙。

2.中段右側拳→上段左側拳→左小內割：預備勢站立。左腳

圖 164　　　　　　　　圖 165

圖 166　　　　　　　　圖 167

向前上步，重心下降，右側拳擊對手左側腹（圖 168）；上動不停，重心上升，左側拳擊對手頭部（圖169）；上動不停，左拳

圖 168　　　　　　　　圖 169

變掌勾住對手脖子，左前臂壓住其胸部，右腳向前接近對手，趁

對方頭部被擊重心不穩之時，以左腳腳弓內側為力點，沿順時針畫半圓，向右、向裡割切對手左腳跟（圖170），同時左手臂前推，將對手割倒（圖171）；上動不停，以跪步栽拳結束戰鬥（圖172）。

圖170

圖171

3.右中段側拳→左中段側拳→右側拳→左側拳：如圖173至176所示，這是一組引中段擊上段的組合拳。從預備勢開始，以中段左右側拳擊對手兩肋，使對手兩臂下落防守，繼而改以右左側拳擊其上段。在對手身體下沉時也可以用頂膝連擊。

圖172

4.右上勾→左側拳→右側拳→左橫肘：本動是在扭鬥的狀態開始的連擊。左手被對方纏住，左轉右上勾擊對手肋部（圖177、178）；將對手的重心擊起後，即用左右側拳擊其頭部兩側（圖179、180）；再用左肘向右向上斜擊（圖181）。

以右上勾拳為先導的攻擊是在如下幾種情況出現的：

圖 173

圖 174

圖 175

圖 176

圖 177

圖 178

圖179　　　　　　　　圖180　　　　　　　　圖181

⑴以向左滑步躲過對手的左衝拳而逼近對手時。

⑵用格擋迎擊對手的中、上段腿擊時。

⑶在扭鬥的狀態下。

㈤以前（彈）踢為先導的組合：中國拳諺有「無上不起下，起腿半邊空」之說。起腿一定要重視防住對方的反擊，特別需注意保護頭部。前踢是距對手最近的腳法，一般有三個主要作用：①可作為阻擊對手前進的第一動；②作為假動作，引誘對手注意前踢後，再接其他動作進攻；③故意讓對手防住，把對手置於你的攻擊範圍內。前踢，作為實打，低可擊對手脛骨（中國稱為七寸腿），中可撩襠、擊腹，上可踢對手下頦或心窩。

1.左前踢→右轉身後踢→左衝拳→右側拳：預備勢站立。以左前踢為虛招後（圖182），左腳積極向前下壓，腳尖內扣，同時向右轉身以右腳踢擊對手的腹部（圖183）。轉身時背向對手，容易被阻擊，所以兩拳要上舉，護住下頦。右腿踢出後，身體繼續右轉，右腿落回身體後側，左衝拳擊對手頭部（圖184）；上動不停，右側拳繼續進攻對手的頭部（圖185）。

圖182　　　　　　　　圖183

圖184　　　　　　　　圖185

2.左前踢→右下段旋踢→右衝拳→左側拳→左撞膝：預備勢
站立。以左前踢抵住對方腹肋部，阻止對方前進（圖186）；左
腿屈膝縮回落地，身體左轉以右下段旋踢擊對方的左腿（圖
187，此動也可以連接中段或上段旋踢）；右腳下落，馬上以右衝
拳擊對手頭部（圖188）；上動不停，身體右轉帶左側拳擊對方
頭部（圖189）；繼而左手繞對手脖子左側朝下按，同時左膝上
頂攻擊對方腹部、襠部或大腿內側（圖190）。

3.左前踢→左上段旋踢→右衝拳→左側拳：預備勢站立。右

圖 186　　　　　　　　　　　　　圖 187

圖 188　　　　　　圖 189　　　　　　圖 190

腳向前在左腳踏地處落地，左腿前彈踢（圖191）；左腳伸直後
迅速彈回（圖192），身體右轉，右腳跟內扣，以左上段旋踢擊
對手頭部（圖193）；緊接上動，左腳下落（應根據對手的位置
調整，讓右拳出擊有一定距離），上體要向左擰轉，出右拳擊對
手頭部（圖194）；再利用右轉身的助力出左側拳擊對手頭部
（圖195）。

　　㈥右前踢為先導的組合：右腳一般在後，右前踢工作距離
長，打擊力量大。但由於工作距離長，又是正面直線進攻的腿
法，容易被對方所發覺，對手只要降肘或向前提膝就可輕易防住

圖191　　　　　　　　圖192

圖193　　　圖194　　　圖195

，他往後退步也會使你的彈踢威力大減，所以現在格鬥空手道中的右腳前踢不採用傳統的正面直攻方法，而是在腿攤起後身體微加擰轉，腳的路線後段類似旋踢，腳尖勾起，以虎趾為力點攻擊（圖196、197、198）。

圖196

　　1.右前踢→右左連環衝拳→左下段旋踢：預備勢站立。右腳

圖 197　　　　　　　　　　　圖 198

前踢（圖 199）；隨即右腳前落，以右左衝拳連擊（圖 200、201）；最後的左旋踢可根據對手與你之間的距離和對手的防守情

圖 199　　　　　　　　　　　圖 200

圖 201　　　　　　　　　　　圖 202

況，擊其中段或上段（圖202）。右腿先出應特別注意防守對方的迎擊。

2.右前踢→左衝拳→左下段旋踢→右後旋踢：這是一種追擊型的組合，若對手退得較遠，可墊步追擊（圖203、204、205、206）。

圖203　　　　　　　　　　圖204

圖205　　　　　　　　　　圖206

3.右前踢→左中段旋踢→右衝拳→左側拳：這是一種先阻後追的組合。右前踢和左旋踢阻擊對手進攻（圖207、208）；再用中段右衝拳和上段左側拳追擊其防守中的空檔（圖209、210）。

圖 207

圖 208

圖 209

圖 210

(七)左旋踢為先導的組合：

1.左上段旋踢→右下段旋踢→右衝拳→左上勾：預備勢站立。左上段旋踢（圖211）；左腿收回下落，右膝高提（圖212），右腿從上向下旋踢對方左大腿外側（圖213）；上動不停，右腿下落以右衝拳、左上勾連擊對手頭部（圖214、215）。

2.左下段旋踢→左右衝拳→右上段旋踢：預備勢站立。以左下段旋踢擊對手的膝蓋內側（圖216）；承上動，左腳積極下壓，以左右衝拳連擊對手頭部（圖217、218）；根據對手後退距離與

空檔，用右旋踢擊對手上段（圖 219）。

圖 211

圖 212

圖 213

圖 214

圖 215

圖 216

圖 217

圖 218

3.左下段旋踢→左衝拳→右後旋踢→左上段旋踢：此為攻下取上之組合。前兩招攻擊下、中段，待其注意力集中在下，則轉攻上段。

預備勢站立。上右腳，左腿下段旋踢對手左大腿內側（圖 220）；左腳向前微向右落地，左衝拳擊上段（圖 221），

圖 219

圖 220

圖 221

以壓制對手的阻擊；身體右轉，用轉身後旋踢或轉身橫踢（側踹）攻對手心窩（圖222）；後旋踢未奏效，則右腳積極落地，左膝上提以欲出前踢之勢迷惑對手（圖223），突然右轉身成上段旋踢直取對手頭部（圖224）。

圖222　　　　圖223

圖224　　　　圖225

4.左下段旋踢→左上段旋踢→右中段旋踢：預備勢站立。左腳旋踢對手左膝內側（圖225）；上動不停，左腳馬上彈回，利用腿收回的反作用力，提膝轉向上段攻擊（圖226）；左腳向左前方下壓，右腿中段旋踢攻擊對手中段（圖227）。中段的旋踢可根據對手與你的距離，用提膝橫撞，或用脛骨或用足背或虎趾踢。

5.左下段旋踢→轉身右拳鞭打→左橫膝→右撞肘：此爲反常規反應之組合。一般左下段旋踢後跟進一拳或右轉身後旋踢，但

圖 226　　　　　　　　　　圖 227

此動爲左下段旋踢後，右腳插步右後轉身用右拳鞭打（圖 228、
229）。若對手用迎進或原地阻擋左下段旋踢，則此招恰到好處，
也容易造成對手的不習慣。緊接靠右轉身的慣性，左膝向右橫撞
（圖 230）；再輔以左轉，右肘向左上段橫擊（圖 231）。

圖 228　　　　　　　　　　圖 229

圖 230　　　　　　　　　　圖 231

　　說明：右拳的鞭打以右拳輪爲力點，肘關節要保持一定的彎曲度。

　　6.右上段旋踢→左中段前踢→左衝拳→右側拳：預備勢站立。右上段旋踢擊對手頭部（圖232）；緊接上動，右腿或向前壓或回落，左腿前踢攻擊對方心窩（圖233。右旋踢是橫向進攻，這時突然改爲正面進攻，能造成出其不意之效果）。如此動未奏效，則以左衝拳、右側拳連環追擊（圖234、235）。

圖232　　　　　　　　　　　　　　圖233

圖234　　　　　　　　　　　　　　圖235

　　7.右上段裡合→右後踹→右左連環衝拳：預備勢站立。以右

裡合腿攻擊對手頭部左側（圖236）；右腿一落地則馬上以右腿後踹進攻（圖237、238。這個動作類似中國的纏絲腿。裡合腿的落點根據距離可回落亦可向前壓）；右腿後踹落地，緊接著向右轉身，以右、左衝拳連擊（圖239、240）。

（八）幾組以佯攻為引的組合技：

圖236

圖237

圖238

圖239

1.右前踢（虛）→右衝拳→左側拳：預備勢站立。前提右膝，做欲右前踢進攻之狀，引對手注意力集中於防右前踢（圖241）；上動不停，右腳向前落地，馬上轉成右衝拳直攻對手頭部（圖242）；對手若後

圖240

閃則上左腳以左側拳擊其頭部（圖243）。

圖241

圖242

2.右下段旋踢（虛）→右衝拳→左側拳→右上勾：預備勢站立。做欲起右腿下段旋踢之狀，引對手注意下段（圖244）；上動不停以右衝拳擊對手頭部（圖245）；緊接以左側拳、右上勾連擊對手頭部（圖246、247）。

圖243

圖244

圖245

圖 246   圖 247

說明：佯攻一次未必騙成，可以虛實相兼，幾度引誘。

3.右衝拳（虛）→左衝拳→右衝拳→左上勾：預備勢站立。身體左轉右肩前送做欲出右衝拳之狀（圖 248）；上動不停，左衝拳直攻對手頭部（圖 249）；緊接以右衝拳、左上勾連擊（圖 250、251）。

圖 248   圖 249

圖 250   圖 251

4.右衝拳（虛）→左下段旋踢→左右衝拳連擊：左右手的虛實變化稱為指東打西的話，那麼還有指上打下的變化。從預備勢開始，身體左轉右肩前壓，做欲出右衝拳狀（圖252）；上動不停，身體迅速後仰，以左腿旋踢對手大腿內側（圖253）；上動不停，左腿下壓，以左、右衝拳連擊對手頭部（圖254、255）。

圖252　　　　　　　　　圖253

圖254　　　　　　　　　圖255

(九)幾組貼身近戰的組合：

1.左肘橫擊→右肘斜撞→左提膝→右膝橫撞：從預備勢開始，左肘橫撞對手（圖256），隨即右肘沿拋物線從上向下擊對手頭部（圖257）；緊接兩手抱住對手的脖子往下拉，左膝向上迎擊對手胸部（圖258）；上動不停，右膝橫撞對手之右側（圖

259）。肘、膝是貼身近戰的武器，在基本動作中介紹過橫肘與正頂膝的標準技法，在實際應用中，可根據攻擊的角度描斜線或描半圓擊打，以有力地擊中對手為目的。

圖 256　　　　　　　　圖 257

圖 258　　　　　　　　圖 259

　　2.左撞肘→右撞肘→挾脖摔：預備勢站立。左腳上步左肘向右橫撞（圖260）；向左轉身，右肘橫擊（圖261）；若對手躲開肘撞，則兩手拉住對手的脖子，身體左移，右腳上步，以臀部右側頂住對手的小腹（圖262），隨即向左下方轉體，兩手帶對手脖子向左下，右腿向後上挑起（圖263）。此動亦可用兩腿膝關

節一齊猛然蹬直，以臀部頂緊對手的小腹摔倒對手。圖 264 是對手倒地後再補上一拳的動作。

圖 260　　　　　圖 261　　　　　圖 262

圖 263　　　　　　　圖 264

3.左膝連擊→勾絆摔：預備勢站立。兩手抓住對手的脖子，左膝上頂擊其心窩處（圖265）；若對手後縮，則左腿下落後再

圖 265　　　　　圖 266　　　　　圖 267

次上頂其頭部（圖 266）；上動不停，左腿下落，兩手抓住對手的兩肩，以右足底為力點攔住對手的右腳外側，身體右轉，將對手往右下方摔下（圖 267）。

4.左膝連擊→左小內割→極技：預備勢站立。兩手抱住對手的脖子，左膝上頂（圖 268）；上動不停，左腿後落，以增大上撞之力（圖 269），左膝再次上頂（圖 270）；上動不停，左腳以腳弓內側勾住對手左腳後跟，在兩手向前推的同時，左腳向右向上割（圖 271、272）。對手倒地則以跪步右下栽拳攻擊（圖 273）。空手道中的「極技」，就是結束戰鬥的致命一擊。

圖 268

圖 269

圖 270

圖 271

圖 272

圖 273

第三章 攻擊的要點

雙方交手，對方實力即使是弱於你，他也可能以偶然的一拳或一腿將你擊倒在地。所以比較實在、安全的技法應用就顯得十分必要。技法的應用有一些共同點必須把握，即距離和時機。你是主動搶攻還是防後反擊？防守用躲閃還是格擋？如何使對手失去平衡？如何搶占有利的攻擊位置？何時移動、出擊？等等，這些都是需要隨機應變、合理掌握的要點。

第一節 基本範例

圖274是格鬥實例，左邊為對手，從此姿勢可演化出三種方式：①搶攻；②迎擊；③格擋反擊。

一、搶攻：對手若出現空檔，你即起右腿踢其頭部（圖275）。

二、迎擊：看準對手提膝欲攻之時機，左腳上步逼近對手，以右腳括掃對手之右腳腳跟（圖276、277、278）。

三、閃躲反擊：對手左腿上段旋踢擊來，你左腿回收，兩腳同時微向後滑，躲開其腿（圖279）。此動亦可用右前臂格擋，圖280）；上動不停，以左腳踩對手膝關節外側（圖281、282）；承上動，在對手失去平衡狀態下可採用以下兩種技法繼續攻擊：

圖 274

圖 275

圖 276

圖 277

圖 278

圖 279

圖 280

圖 281

圖 282

圖 283

圖 284

圖 285

㈠左腳上步落在對手左腿後側，左手向後橫切對手身體，切倒對手（圖283、284）。

㈡左腳尖內扣，左轉身旋踢對手頭部以擊倒之（圖285、286），再抓住其左袖口，跪步下栽拳（圖287）。

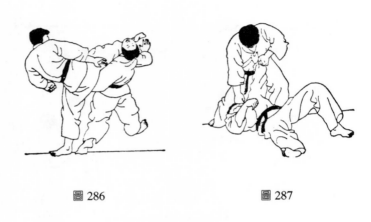

圖286　　　　　　　　　　圖287

第二節　洞察對手的途徑

格鬥與演練套路之不同，就在於格鬥要根據對手的實際狀況採取相應的變化。對手的格鬥架勢不同，出招習慣也不一樣，要在瞬間作出準確判斷，必須對總體狀況有所認識。

實戰中，對手的各種基本因素通過組合，表現出的方式是多樣的，而相應的對策也是多樣的。

一、對手開始的姿勢

對方開始的姿勢各異，例如是左架還是右架？兩腳之間的距離是寬還是窄？重心是高還是低、在前還是在後？前腳內扣還是

外撇？後腳內扣還外撇？兩手防護姿勢是高還是低？下頦是內收還是上仰？腰是後引還是直立？空檔在哪裡？他是移動還是靜止？與你的距離是長是中還是短？等等。

圖 288 左邊是傳統的起勢；圖 289 是左架；圖 290 兩腳間距短，是欲起動攻擊的準備勢。

圖 288　　　　　　　　圖 289

圖 290

二、對手怎麼攻？

對手的肌肉緊張度、重心的移動、眼光的注意點，以及他如何起腿、出拳等都要細緻觀察，不要漏過，例如是出拳還是起

腿? 出什麼拳? 起什麼腿? 是出左肢還是右肢? 攻擊路線是從左邊還是從右邊來? 是上段、中段還是下段? 是直線還是弧線? 是大幅度還是小動作? 是正面還是側面? 是假動作還是重擊? 是運動還是靜止? 是單擊還是連擊? 技法的連續是流暢的還是有空檔? 等等。

圖291, 對手是用右直拳從正面攻你上段; 圖292, 對手用左腿旋踢從左面攻你下段。

圖291　　　　　　　　圖292

三、防守與破壞對方重心

根據對手的攻擊要採用最適當的防守, 用步法移動躲閃開對手的攻擊。合理的躲閃, 應該是躲閃的同時, 使對手失去重心。應該注意是阻截、是格擋還是勾撥? 是兩腳同時後滑還是前腳後滑? 是向側躲閃還是向後躲閃? 是大步還是小步? 是防後攻還是以迎擊破壞對手重心?

圖293, 是兩腳後滑不接觸躲閃; 圖294, 是一腳後滑閃躲結合下段勾撥防; 圖295, 是滑到對手的側面; 圖296, 迎進上架接觸性防守。

圖 293

圖 294

圖 295

圖 296

四、如何攻擊：

應該注意是出拳還是起腿？是用左肢還是用右肢？如何從有利位置進攻？從前面攻還是繞到對手後面再攻？用大動作還是用小動作？用摔嗎？

圖 297，是左頂膝；圖 298 是摔。

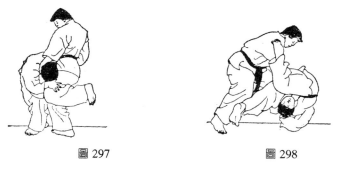

圖 297

圖 298

　　以上是四個方面的要點分析 。在格鬥中當然無法進行分類細緻的分析，但在平時如能從以上的幾個角度去分析，就會逐漸養成一個綜合性的整體概念，從而在實戰中一見對手動作就能作出綜合性的合理的反應。

第三節　距離分析

　　技法的應用與格鬥雙方的距離有很大的關係，而雙方的間距在格鬥中是不固定的。如何把握？爲了便於理解，以下把距離分爲五種。

一、近距離

　　這種距離，若原位起後腿旋踢，膝蓋能接觸到對手的身體。在近距離對付對手的攻擊，可使用向側上步和截擊動作，在對手的動作發力還沒完結時截住，破壞他的發力。重要在上體的閃擺和格擋、摟挂並用。

二、中距離

　　這種距離若用原位後腿旋踢，是腳脖子能接觸對方的身體。可使用各種步法來綜合防守。先發制人的直擊、切別在這種距離最好用。

三、中近之間的距離

　　從近距離稍後退，或從中距離稍前滑，就成了這種距離。這種距離使用阻截、格擋防守或抱摔較爲有效。作爲進攻，攻擊對手的支撐腿亦爲有效距離。

四、遠距離

這種距離原位擊打很難打到，即使打到也沒有什麼分量。這種距離，如何上步接近對手就成為技術的要點，流暢的滑步結合進攻在這種距離中很重要。

五、中、遠之間距離

從中距離用後退步或從遠距離向前上步就是這種距離。格擋防守、後退步多在這種距離採用；從接觸防守到使對手倒地，在這種距離也便於發揮；截住對手擺動腿、踢對手膝關節和踢對手大腿內側也常用這種距離。這種距離也便於用側滑步離開對手的有效的擊打範圍，而得到有利位置。

在實戰中，雙方的距離是瞬間即變的。距離的變化，會產生各種各樣的格鬥局面。你上步、退步、左閃、右閃都可以接近或遠離對方。可以說在實戰中誰能把握距離，誰就把握了勝利。

一組距離的變化實例：

圖 299，兩者之間的距離是遠距離；圖 300，對手上右腳欲

圖 299　　　　　圖 300

起左腿，此時變成中距離了，怎樣防開這一腿是勝負的關鍵。圖
301，你後滑，拉成遠距離，對手左彈踢襲來，你即用左臂向左
下撥防開，同時，左腳向前上步，又成近間距；圖 302、303，
隨上動就勢右轉身用右腿後旋踢反擊（由於距離較近需屈膝，以
後腳跟爲力點來擊打，圖 304）。

圖 301

圖 302

圖 303

圖 304

第四節　進攻時機與方法

「進攻就是最大的防守」，這是對抗的名言。先發制人，使
對手不及躲閃即被擊倒，是上乘之舉。但是對手與你勢均力敵，

或水平略超過你，在這種情況下要先發制人是困難的。因此，我們必須掌握先手進攻的原理。

一般可以把進攻的時機歸納爲如下幾種。

一、對手剛啟動的一瞬間

對手從預備狀態進入攻擊狀態，必然要改變身體姿勢，這時便有可乘之機。如果說預備勢時他的總體防守水平是100％，則體勢變化時攻擊因素就占了60％，而防守僅占40％，此時，你可乘機以60％攻擊其40％部分。關鍵在於及時掌握對方的意圖。

識破對方動作的要點是觀察其重心的動向，具有代表性的線索是肩部的動作和上步。例如,從預備勢準備出左腿，必須先把

圖305

圖306

圖307

圖308

重心移到右腿，如圖 305、306、307、308 所示，對方欲上右腳踢左腿，右腿上步還沒踏實時，你即以右腿搶先快速旋踢其頭部。此時，對手無任何防守餘地。或者在對手起動右腳、重心移到左腿的瞬間，你搶先以右腿旋踢其支撐腿（圖 309、310）。

圖 309　　　　　　　　圖 310

二、對手調整距離的瞬間

對手想改變距離，下意識地後滑步時是絕好的攻擊時機。你應該如同被對手滑步吸引一樣，自然地以比對手更快更大的上步來接近對手，在對手的後滑還沒完成時，你的右腿已經撞擊到他的頭部了（圖 311、312、313）。

圖 311　　　　　　　　圖 312

三、在對手做假動作瞬間

對手的起動是假動作還是實著？其攻擊是輕鬆一擊的探路還是重力的衝擊？在分清真、假動作的基礎上，及時、果斷地捕捉對手做假動作的時機，擊倒他。

圖 313

如圖 314、315 所示，對手欲出左直拳佯攻，你即上左腳逼進，以右手封住其拳，右腿旋踢對手的左大腿後側。

圖 314

圖 315

四、對手被你引誘而動的瞬間

故意露出破綻，引誘對手中計，再搶時反擊，是進攻的時機之一。但這是比較危險的做法，要有充分的把握才可行之。對同一個對手，不可重複一種引誘。

(一)以頭部為誘：兩手故意下降，暴露出頭部，引誘對手的右腿旋踢（圖 316）。在對手起動時即恢復防守並準備反擊（圖 317）；在對手一接觸你防守的手臂，我的右腿就迅速發出（圖

318、319)。

圖 316　　　　　　　圖 317

圖 318　　　　　　　圖 319

圖 320　　　　　　　圖 321

　　㈡以肋部為誘：右肘高抬，露出右肋，同時洞察對手上步的幅度、速度和擺腿的速度（圖320）；當對手動作時，迅速向下掛肘防住對手的左腿旋踢（圖321）；對手左腿一下落，你即以左腿踢其左大腿內側（圖322、323）。

圖 322　　　　　　　　　　　圖 323

㈢指東打西，指上打下引誘：此動作可參考第二章手足組合技的
後面部分。作為搶攻時機，還有對方失去平衡，或心神散亂而失
去防備時，等等。

第五節　　腿擊的幾種步法

　　步法的移動一般與擊打動作同步進行，如上步左衝拳，左拳
前衝時同時上左步，左拳擊達目標時右腳即跟上仍成預備勢。再
如以腿阻截對手支撐腿的進攻法，擺動腿先走，支撐腿以墊步跟
進。

　　擺動腿落地對組合進攻來說十分重要，腿前落、往回落原
地，還是向後落，這些都必須根據格鬥時的狀況來決定。下面介
紹幾組上步的方法：

　　圖 324 是一種接近對手的基本步法。圖中實黑腳印即為準備
勢時的狀態，右腳上①、②、③三個位置，分別為並步、上步、
右撤步。根據對手的位置可用不同的步，右腳三個落腳點都可用
左腳去橫踢、前踢和各種旋踢；右腳上步後，左腳還可向後做後
旋踢和後踢。

　　圖 325，右腳向左前方微上步，第一便於起右腿旋踢，這種旋踢類似於中國長拳的外擺腿，但力點在腳後跟；第二左後轉身旋踢；第三左腿橫踢或後踢。

　　圖 326，左腳沿身體中心線向前上步，右腿可以做各種旋踢、前踢和三日月踢（裡合腿）等動作。

　　圖 327，左腳大幅度地向右移，腳尖斜向後便於使用右轉身後旋腿和左腿旋踢。

　　圖 328，左腳微向左前上步，便於右腳前踢和三日月踢（裡合腿）的使用。

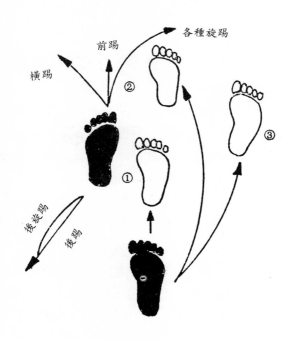

各種旋踢

前踢

橫踢

②

①

③

後旋踢

後踢

圖 324

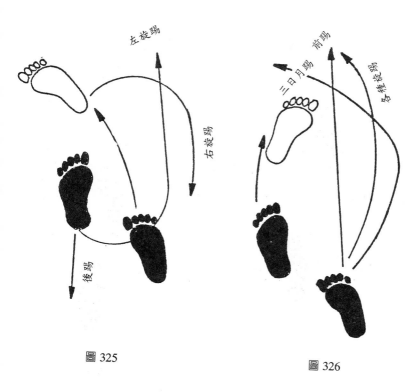

圖 325

圖 326

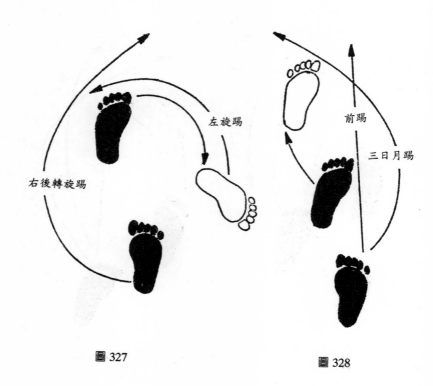

左旋踢

右後轉旋踢

圖 327

前踢

三日月踢

圖 328

第四章　防守反擊

第一節　總　則

防守與反擊不可分離。一味地格擋、躲閃而不反擊是被動的防守，防過第一次，第二次就難以逃脫了。在許多介紹空手道格鬥的書籍中，防守都是獨立成章的，本書為了便於建立防即反擊的動作習慣，將防守的方法與反擊法溶在一起。

一、防守反擊的分類

防守可分為接觸性防守（格擋、勾撥、截擊）、不接觸性防守（躲閃、退卻）。防守的類型有些是交叉的。

美國空手道搏擊家但‧愛德生把防守反擊時機分為八種：1.在對手變化時出擊。2.穿過範圍迎擊，即對手向前攻你時要經過1公尺距離的運動，你在他移過 50～60 公分分時就迎擊。3.原地迎擊。4.格擋迎擊。5.勾撥反擊。6.躲閃反擊。7.變角度反擊。8.退卻後的反擊。

本書將防守反擊分為三類：1.迎擊與阻截。2.格擋還擊。3.躲閃出擊。

迎擊包括上步迎擊和原地迎擊。如對方用左側拳橫向擊你頭

部，未等擊中，你即上步左衝拳迎擊其頭部或左腿踢其腹部，這叫迎擊。此時你並不格阻對手的手腳。

　　格擋反擊是對手拳來腿來時，你用格擋或摟掛防開其手腿時的反擊。這種格擋，要利用本能反應，縮合再升。一般人受到攻擊，會自然縮緊身體，這時可增強抗打力，也爲反擊動作提供了發力條件。即所謂先收再放。

　　躲閃反擊是對手進攻時，你不擋不迎，而是以步法和身法避其銳氣，即使對手擊空，又使自己搶占有利位置，形成「人背我順」之勢，繼而反擊。

　　在實戰對抗中，這幾種方式是綜合使用的。

二、阻截

　　對手身體各部位都可阻截，但要阻截得使對手失去平衡則要講究阻截的部位。如對手欲起右腿攻你，如圖 329 所示，A、B、C、D 點，就是你腿阻截的落點。拳腳阻截頭部則更佳。

　　腿阻截時，阻截腿和支撐腿都要保持微屈，這樣便於控制對手的衝力（圖 330）。若兩膝關節過於伸直，則容易被對手衝力所衝倒（圖 331）。

圖 329

圖 330

圖 331

圖 332

　　阻截時，要從對手擊打路線的正面入手（圖 332）。若方向不準，從上而下擦入則無法阻止其攻擊（圖 333）。

　　(一)阻截支撐腿：有人認為阻截對手支撐腿很難，這是因為膽怯，不敢迎進阻截。大膽迎進，同時抓準對手支撐腿的

圖 333

變化方向，阻截就不是一件難事。圖 334 所示，對手的支撐腿初始姿勢與擺動腿的動作完了時的姿勢是不同的。截擊的方向也應跟著轉動，盯準其膝蓋內側截擊（圖 335）。

　　(二)連環阻截：在對手第一次起腿時，你即用輕快而富有彈性的前踢阻截，第二次阻截則以使對手失去平衡為目的。

　　以下一組動作為連環阻截之例：

　　1.一開始就注意觀察對手的意圖（圖 336）。

　　2.對手卻起右腿旋踢，你以左腳底為力點，向前阻截其右大腿根部（圖 337。參見圖 329 之 C 點）。

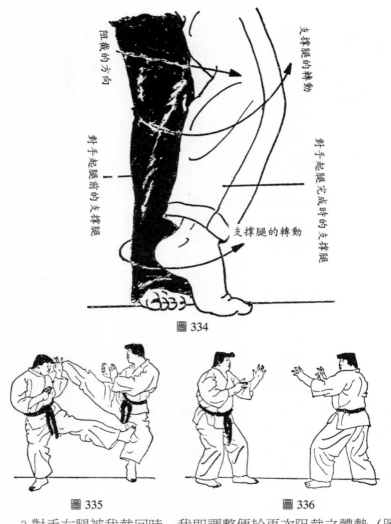

支撐腿的轉動

阻截的方向

支撐腿的轉動

對手起腿前的支撐腿

對手起腿完成時的支撐腿

支撐腿的轉動

圖 334

圖 335　　　　　　　　圖 336

　3.對手右腿被我截回時，我即調整便於再次阻截之體勢（圖
338）。

　4.對手欲起右腿旋踢，其支撐腿內側轉向我方，未待其上

圖 337

圖 338

圖 339

圖 340

段旋踢發至，你即用踢關節之動作，以腳底踢其支撐腿（圖339、340）。

三、躲閃

躲閃是高級的技術，相對於直來直去的對攻，巧妙的躲閃結合反擊則是上了一層功夫。

步法是否靈活、快捷，是躲閃的關鍵。而頭部、軀幹的擰轉也是躲閃的重要內容。在格鬥中，牽拉對手攻來之手腳，結合自己躲閃是控制有效擊打距離的最佳方法。

㈠離開對手攻擊範圍：圖341是一幅俯視圖，在對手肩寬的

延長線範圍內，都可以說是對手的有效攻擊範圍，從對手有效的攻擊範圍中離開是躲閃的目的。

　　以對手直線攻擊爲參照點，離開其攻擊範圍可分爲四條線：1.右閃 45 度。右腳向右後方撤步，左腳跟著撤，身體左轉（圖342）；2.左閃 45 度。身體右轉，右腳向左後方撤步，左腳跟著回撤（圖 343）；3.右閃 135 度。右腳向右前方上步，身體左轉135 度，左腳後撤成右前左後之站立勢；4.左閃 135 度。左腳上步，身體右轉 135 度，右腳隨轉體向左前方撤步，成左前右後之站立勢。

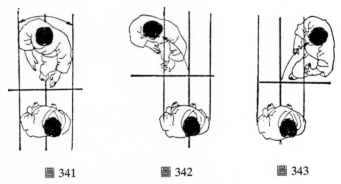

圖 341　　　　　圖 342　　　　　圖 343

　　(二)以身體的轉動來牽動對手：圖 344、345 是原地右手向下摟掛的動作，一般用於防守對手右前踢的攻擊。若右手摟掛的同

圖 344　　　　　　　　圖 345

時，配合身體右轉，以左腳為軸，右腳繞順時針方向後撤，則可以使摟掛的效果更佳（圖 346、347、348）。要充分利用球體的轉動原理，沿不同的圓弧來繞轉引化（圖 349 是沿不同圓弧引化的範例）。

圖 346

圖 347

圖 348

圖 349

繞轉實例：

1.預備勢（所取之勢應使身體能自如地配合步法，可隨意向任何位置移動）。

2.對手以左衝拳攻擊你上段；你的身體向右躲閃，以左手前

臂向左格擋其左臂，引其左臂從你左側滑過（圖350）。

　　3.從對手無法攻擊的位置入手，身體如圖351所示擰轉，左手掛住對手的脖子。

　　4.右腳向對手後側上步，隨即左腳以右腳為軸，隨身體左轉畫弧，以左手掛住對手的脖子向左下拉（圖352）。

　　5.腳下繞水平圓弧旋轉，上體繞斜圓弧轉動，能圓活地帶倒對手（圖353）。

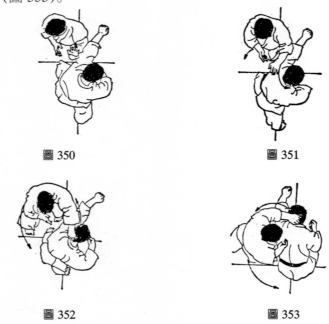

圖350　　　　　　　　　　　　　　圖351

圖352　　　　　　　　　　　　　　圖353

　　這種利用球體轉動的原理，可以作為觸類旁通的範例。

　　㈢沿垂直軸的旋轉：以垂直軸為軸心，上體的左轉、右轉也能有效地躲開對手的攻擊。圖354中，中點是垂直軸的投影點，對手攻擊方向如箭頭所示，你上體繞垂直軸左轉便可使對手的攻擊落空。

　　圖355、356、357是上體轉動結合左腳微左移而躲開攻擊並接近對手的示例。

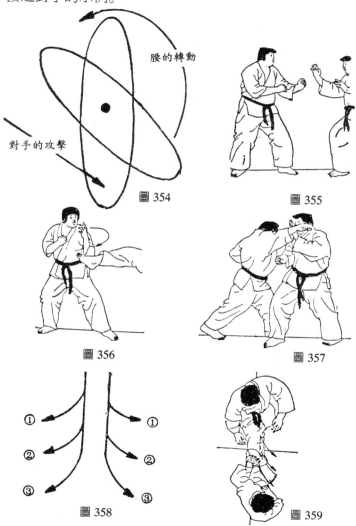

腰的轉動

對手的攻擊

圖354

圖355

圖356

圖357

① ① ② ② ③ ③

圖358

圖359

四、反擊

防後是腿還擊還是手還擊，要根據防後雙方的體勢而定。圖358是撥擋防守的三條路線：①是對手被你撥開但平衡尚未失去，可用腿來還擊；②是撥開之後，便於用拳反擊的距離；③是撥開後便於用摔來反擊的距離。圖359是你的左手向右撥擋防守的用力路線與對手被引化的路線示意。向左撥擋防守同理。

(一)防後腿擊：

1.左手向右撥開對手的左前踢後，即用右腿上段旋踢反擊（圖360、361）。此時對手上體尚未失去平衡，如果靠近他，用拳或摔，容易被對手反擊。

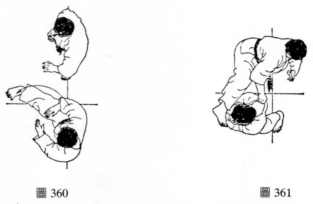

圖360　　　　　　　　　　　　　圖361

2.以左手向左摟撥對手的前踢腿，不管對手是起右腿還是起左腿，都要根據撥開的幅度，如幅度小，則以踢關節方法踢其支撐腿的膝關節；若幅度大則以左腿後旋踢還擊。這樣根據距離來選擇反擊法是比較安全可靠的。

(二)防後打拳：撥開對手擊來之腿，其失去平衡幅度較大，上體恰好轉入你拳的攻擊範圍內，你即出拳還擊（圖362、363）。

此種距離也可腿擊。

　　⬭防後投（摔）：此法是用在對手失去平衡較大時，向前上步，從對手背後入手用切摔還擊（圖364、365）。這種距離也可用跳撞反擊對手的後腦。

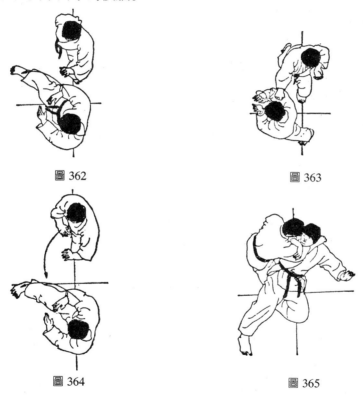

圖 362

圖 363

圖 364

圖 365

第二節　典型動作的防守反擊

　　本節提供的動作，可以作為循規蹈矩訓練的手段，養成正確的反應，一觸即發。在掌握之後可根據自己的特點變通。

一、對手技的防守反擊

(一)對左衝拳的防守反擊:

1.格打: 從預備勢開始(以下同)。對手以左衝拳擊你頭部; 你以右手前臂從對手之左臂內側向外格, 同時以左衝拳反擊其頭部(圖366、367)。

圖366　　　　　　　　　圖367

2.格擋下踢: 對手以左衝拳擊你的頭部; 你以右手前臂向右格擋, 右手隨勢抓住其左腕部並拉回, 左腳向前一步, 借用左腳前移之反彈力, 以左下段旋踢擊對手左大腿內側(圖368、369)。

圖368　　　　　　　　　圖369

3.閃打：對手以左衝拳擊你頭部；你身體左傾並右擰，頭部隨身傾而向左閃，同時以左衝拳反擊其心窩（圖370、371）。注意防守對手出右拳。

圖 370　　　　　　　　　圖 371

4.撥打：對手以左衝拳擊你頭部；你身體向右側微閃，同時以右拳向左、向下撥擋對手左腕部，以左衝拳反擊其頭部（圖372、373）。

圖 372　　　　　　　　　圖 373

5.轉身後踹：對手以左衝拳攻來；你以左手向右拍擋來拳，同時身體右轉180度，以右腳後踹其腹部（圖374、375）。

6.左衝拳中段的防守反擊：對中段左衝拳的防守反擊一般用

圖 374　　　　　　　　　圖 375

右肘夾緊身體，重心下沉，迎擋來拳；用左衝拳、左側拳，左上勾或左腳旋踢反擊其頭部。

　(二)對右衝拳的防守反擊：

　　1.撥打：從預備勢開始（以下同）。對手以右衝拳擊你頭部；你身體向左側躲閃，以左手向右撥開來拳，同時以右衝拳還擊其心窩處（圖376、377）。類似的防守反擊是撥開對手來拳後，用右側拳、右上勾、右旋踢、右膝橫撞等還擊。

圖 376　　　　　　　　　圖 377

　　2.格擋上勾：對手右衝拳擊你頭部；你上左腳迎進，以左臂

從下向上架擋，並順勢以左掌根外側往回壓帶其左臂，同時以右上勾還擊（圖378、379）。此反擊還可接右撞膝。

圖 378　　　　　　　　　圖 379

3.架擋旋踢：對手右衝拳擊來；你以左臂向上、向左架擋，同時右腳向前上步，以左腳旋踢對手左腿膝部裡側（圖380、381）。

圖 380　　　　　　　　　圖 381

4.躲閃頂膝：對手右衝拳時，你將重心移至右腳，身體向右閃，同時提左膝順勢向右橫撞對手之心窩（圖382、383）。

5.下掛上勾：對手以左衝拳擊你中段；你以左肘下掛格擋，隨即上步以右上勾拳迎擊（圖384、385）。

圖 382

圖 383

圖 384

圖 385

(三)對左側拳的防守反擊:

　1.衝拳阻擊: 從預備勢開始 (下同)。捕捉住對手欲出左側拳瞬間, 以左衝拳阻擊其頭部, 所謂「橫來直破」(圖 386)。

圖 386

圖 387

2.格擋還擊：以右臂在頭部右側擋住對手之左側拳，同時身體微右轉以左側拳反擊（圖387）。

3.仰躲衝拳：對手左側拳攻來；你頭部後仰，身體向後收，借身體回彈之力以左衝拳還擊其頭部（圖388、389）。

圖388　　　　　　　　　　　　　圖389

4.掛格頂膝：對手以左側拳攻擊你肋部；你右肘下掛，格開其拳，同時右腳上步，兩手順勢抱住對手的頸部並向下拉，左膝上頂（圖390、391）。

圖390　　　　　　　　　　　　　圖391

(四)對右側拳的防守反擊：

1.衝拳阻擊：從預備勢開始（下同）。對手出右側拳的同時，

你以左衝拳阻擊其頭部（圖392）。

2.格擋打肘：對手以右側拳進攻；你以左前臂爲接觸點，向上架住對手前臂，同時左轉身以右肘向左橫打其頭部（圖393、394）。

圖392　　　　　　　　圖393

圖394　　　　　　　　圖395

3.格擋衝拳：格擋住對手右側拳（參見圖393），以右衝拳還擊其頭部（圖395）。

4.掛肘頂膝：左肘下掛，抵住對手的右中段側拳（圖396）；上動不停，兩手隨即抱住對手的頸部，右膝向上撞擊對手（圖397）。

圖 396

圖 397

㈤對上勾拳的防守反擊：

1.阻擋衝拳：從預備勢開始（下同）。對手左上勾拳擊你腹部；你身體微左轉，右臂貼緊身體，迎住其拳（圖 398），以左衝拳還擊其下頦（圖 399）。

圖 398

圖 399

2.壓擋撞膝：對手左上勾拳擊來；你身體左轉以右前臂向下、向左壓擋其拳（圖 400），右膝從上向下撞擊對手左大腿後側（圖 401）。

3.後閃側拳：對手上勾拳擊來；你上身後閃，讓開其拳，隨即身體回彈，以左側拳反擊（圖 402、403）。

圖 400

圖 401

圖 402

圖 403

4.後閃旋踢：對手上步以左中段勾拳擊來；你重心後移，起左腿旋踢踢其左大腿內側（圖 404）。

5.掛撥右衝拳：對手中段上勾時，你右腳向右側移，同時以左手向下、向左掛撥其拳（圖 405）；上動不停，以右衝拳還擊其頭部（圖 406）。

圖 404

圖 405

圖 406

6.撤步左旋踢：對手以左勾拳擊來；你左腳後撤，讓開其拳（圖 407），利用左腳後撤蹬地力量，左腳旋踢對手右肋（圖 408）。

圖 407

圖 408

7.裡格右衝拳：對手以右上勾拳擊來；你以左手前臂向裡格擋其拳（圖 409），隨即左轉以右衝拳還擊（圖 410）。

8.裡格橫撞膝：格開對手之右拳後，以右膝橫撞對手之腹部（圖 411、412）。

9.左閃右頂膝：對手以右上勾擊來；你左腳向左前方上步，左臂壓住其右肩和上臂（圖 413），上提右膝撞其心窩（圖 414）。

圖 409

圖 410

圖 411

圖 412

圖 413

圖 414

10.掛肘橫肘：以左肘下掛防住對手的右勾拳（圖 415），同

時右肘向左橫撞對手下頦（圖416）。

圖415　　　　　　　　　　　　圖416

11.左閃右衝拳：對手以右勾拳擊來；你左腳向左前上步，閃過其拳（圖417），同時用右衝拳反擊其頭部（圖418）。

圖417　　　　　　　　　　　　圖418

二、對足技的防守反擊

㈠對右腿上段旋踢的防守反擊：

1.架擋還腿：從預備勢開始（下同）。對手以右腿旋踢擊你頭部；你以左前臂後側和右掌底爲接觸點，架擋其脛骨前側，並

向對手後方推擋（圖419），隨即以右腿旋踢反擊對手大腿外側（圖420）。右旋踢可根據對手防守情況改擊上段或中段。

圖419　　　　　　　　　　　　圖420

架擋的同時亦可用左腿踹對手的支撐腿之膝部內側。

2.腿截腿：對手右腿擺起欲踢時，你右腳向前一步，左腳以全足底為力點阻截其大腿內側（圖421、422）。

圖421　　　　　　　　　　　　圖422

3.上架左衝拳：對手右腳旋踢你頭部；你以左前臂上架其脛骨，並向上、向前推開其腿（圖423），隨即左拳直衝對手之頭部（圖424）。

圖 423

圖 424

4.上架右衝拳：架住對手
的右旋踢的同時，右衝腿反擊
其頭部（圖 423、425）。

1.掛擋撞膝：從預備勢開
始（下同）。對手右旋踢擊你
左肋；你左肘下掛，保護肋部
（圖 426），隨即上步右手拉住
對手頸部，右膝向左上撞擊
（圖 427）。

圖 425

圖 426

圖 427

2.膝擋還腿：對手欲起腿時，你右腳搶先墊步向前，以左膝頂住對手的右大腿內側（圖428），隨即左腿積極下壓回落，起右腿旋踢擊對手的腿部（圖429）。

圖428　　　　　　　　　　圖429

(三)右腿下段旋踢的防守反擊：

1.腿接腿還：從預備勢開始（下同）。你左腿稍外展以脛骨接住對手右下段旋踢（圖430），隨即左腿積極下壓，以右腿上段旋踢反擊（圖431）。

圖430　　　　　　　　　　圖431

2.撤步旋踢：對手右下段旋踢擊來；你左腿後撤一步避開其腿（圖432）隨即利用左腿蹬地之反彈力，左腳旋踢其右腿後側（圖433）。

圖432　　　　　　　　　　圖433

3.硬擋還拳：對手右下段旋踢擊來時，你左腳肌肉緊張，用力下壓，承擋其擊，同時以左衝拳、右上勾連環反擊（圖434、435）。

圖434　　　　　　　　　　圖435

㈣對左上段旋踢的防守反擊：

1.架擋撩襠：從預備勢開始（下同）。對手左腿上段旋踢擊來；你右臂上架以前臂或肘尖為力點，架擋其脛骨（圖436），隨即右手向下帶其腿下落，同時以左腿撩襠反擊（圖437）。

圖 436　　　　　　　　　圖 437

2.撥擋轉身踹：對手以左腿上段旋踹擊來；你以兩掌根爲力點向右撥擋（圖 438），隨即向右後轉身 180 度，以右腿踹擊對手腹部（圖 349）。要注意用左腳滑步來調整腿擊的距離。

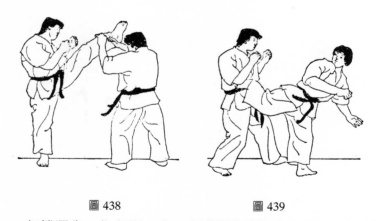

圖 438　　　　　　　　　圖 439

3.架擋還拳：你左腳上步，右臂上架迎住對手的左上段旋踢（圖 440），同時以左衝拳還擊其頭部（圖 441）。

4.迎進推擋：右臂從下向上擋住對手的上段旋踢後，可上步同時向上、向前推開其腿，並推倒之。

圖 440　　　　　　　　　圖 441

(五)對左中段旋踢的防守反擊：

1.拉腿別摔：從預備勢開始（下同）。對手以左腳旋踢擊你右肋；你右肘下掛緊護（圖 442），隨即右手和前臂向下從外向裡將對手的左小腿夾在腹側（圖 443）。上動不停，右腳上步，左手搭在對手左肩上（圖 444），左腳上步別在對手右腿後側，身體右轉，左手向前推，別摔對手（圖 445）。抱住對手左腿，也可上右腳，左腳從左向右刮掃對手左足外側，掃倒對手。

圖 442　　　　　　　　　圖 443

2.格擋還拳：你以右肘護肋防住對手左中段旋踢（圖 446），

同時左衝拳還擊對手的頭部（圖447）。

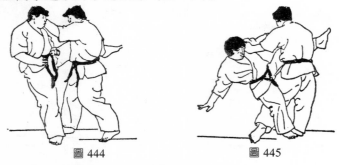

圖444　　　　　　　　　圖445

(六)對左下段旋踢的防守反擊：

　1.腿迎膝還：從預備勢開始（下同）。左腿微內旋，以左脛骨迎住對手的左下段旋踢（圖448），隨即以右膝頂還擊對手左

圖446　　　　　　　　　圖447

圖448　　　　　　　　　圖449

大腿後側（圖449）。

2.連環衝拳：對手下段旋踢擊來，你不避不擋，左腳向前上步，同時以左右衝拳連擊其頭部（圖450、451）。

圖450　　　　　　圖451

(七)對前踢腿的防守反擊：

1.摟撥還腿：從預備勢開始（下同）。對手以右腿中段前踢擊來；你稍後閃，收腹，同時以左手腕部為力點向左、向下摟掛開來腿（圖452），隨即向左轉身起右腿反擊（圖453）。

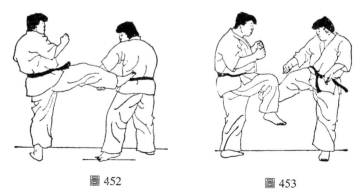

圖452　　　　　　圖453

2.膝擋還腿：對手右腿中段前踢擊來，你左膝上提，以脛骨

抵住對手（圖454），隨即用左腿下段旋踢反擊（圖455）。

　　3.摟掛還腿：對手左腿前踢出來；你以左手向左摟掛開其腿（圖456）。隨即身體左轉，起右腿反擊其腿（圖457）。

圖454　　　　　　　　　圖455

圖456　　　　　　　　　圖457

　　4.後閃足刀：對手以左腿中段前踢；你身體右轉，右腿後滑，左腳收回接近右腿（圖458），隨即右腳向左墊步，左腿以足刀踹擊對手的腹部（圖459）。回滑躲閃與墊步足刀要連成一體沒有間隔。此動作可用於對一切腿法的防守反擊。

　　5.摟掛前踢：對手以中段左彈踢擊來；你微後閃，同時以左手掌向下、向左摟掛來腿（圖460），對手左腿下落的同時，我

圖 458   圖 459

左腳踏實，右腳上步，隨即左腳向前踢對手的心窩處（圖461、462）。左腿一彈即收回以準備連擊（圖463）。

圖 460   圖 461

圖 462   圖 463

6.摟掛掃踢：對手以左腿中段前踢擊來；你身體右轉向右側後滑躲閃，同時左手成勾向外、向上摟住其腿（圖 464），隨即左腳向前上步，右手向左上方橫擺（一為逼近時保護臉部，二為下招準備），以右腿腳脖子掃對手膕窩，右手向右、向後橫劈其胸或頭部，上下形成力偶，掃倒對手（圖 465、466）。

圖 464　　　　　圖 465

(八)對足刀的防守反擊：

下掛旋踢：從預備勢開始。對手以右足刀擊你肋部；你左肘下掛，防守左肋（圖 467），抓住對手右腿下落之機，右腿以下段踢反擊（圖 468）。

圖 466　　　　　圖 467

(九)對回身旋踢的防守反擊：

1.上架刮掃：從預備勢開始（下同）。對手以右腿回身旋踢從右向左橫擊而來；你左腳向前一大步迎進對手，右手上架格擋住其小腿後側（圖469），右腳繼續上步，以左腳向右、向上刮掃其支撐腿的外側，同時左手抓住其右肩向左、向下拉（圖470、471）。上步時注意防守頭部。

圖468

圖469

圖470

圖471

2.蹬截：對手欲回身旋踢；你捕捉住對手轉身背向你之空隙，以左腳全腳掌為力點蹬對手的臀部（圖472、473）。此動作一定要有敢迎上去截擊的氣魄。冷靜地捕捉住對手轉身時的空隙，可輕鬆地蹬倒對手。

圖472　　　　　圖473

3.膝擋切摔：對手欲以右腿回身旋踢擊你頭部；你左腳迎上一步，右膝上提，右肘下掛與右膝相接，迎住對手橫擺之腿（圖474），隨即左手按住對手的右手，右手按住對手的頭部，右腿落

圖474　　　　　圖475

在對手的右腿後，並別住其右腿（圖475），隨後身體左轉，兩手向左、向下按帶，切倒對手（圖476）。利用球體轉動的原理描圓弧。

(十)對膝擊的防守反擊：

1.墜肘：從預備勢開始（下同）對手提膝上撞時，你

圖476

以肘尖爲力點向下墜肘（圖477）。

圖477　　　　　　　　　　圖478

2.抄抱掃腿：對手提右膝上撞；你從其膕窩處抄抱其腿（圖478），隨即右腳上步，左腳向右刮掃其左腿，掃倒對手（圖479、480）。

圖479　　　　　　　　　　圖480

以上列舉了十類典型的防守反擊的方法，在使用時還必須注意身體的吞吐閃擺和步法的調整。一些防守反擊可以用於對付許多攻擊法，在一次防守反擊得手後，要有意識地連續反攻。連續進攻的方法可以從第二章的「手足組合」技和第五章的連招進擊中借鑒。

第五章　連招進擊的攻與防

第一節　八個連招進擊法

在第二章第三節中，介紹了 43 個手足組合技，本節介紹八組連招進擊方法。這些連招進擊方法，動作幅度較大，組合也較複雜。開始練習時要循序漸進，先確實掌握動作的正確路線，了解技法的攻防含義，然後再逐漸達到流暢地完成整組動作的水平，在流暢、自如完成動作的基礎上再從固定組合脫化出適合自己動作習慣的新組合。

傳統的日本空手道有「空手道無先手」之說，這是指武德方面的修養。不恃強凌弱、不先動手是空手道的宗旨之一。這八組連招進擊基本上是先防後攻的組合方式，體現了這一宗旨。

先退，躲開對手的攻擊，也稱爲避其銳氣。若是以硬碰硬，往往造成兩敗俱傷。而離開對手的攻擊範圍，在對手「舊力剛過，新力未至」之時搶攻，也是我國武術所推崇的攻擊時機。

爲使讀者更好地理解連招進擊的攻防含義，下面將八組動作以對抗的圖示來說明，但也可用單人練習。

一、第一組合

㈠從預備勢開始，緊盯住對方，看準對方欲出何招。

㈡對手以右腿上段旋踢攻來；你向後滑步，身體後閃，躲開對手的右腿（圖481）。

㈢在對手右腿著地之前，你左腳向前上步，身體左轉，左腳跟內扣並踮起，起右腿旋踢對方頭部（圖482）。

㈣右腳下落之點要根據對手與你之距離而定（圖483）。

圖481

圖482

圖483

圖484

㈤右腳緊挨左腳落地，左腿立即提起，隨身體左轉180度回身以左腳掌為力點掃擊對手頭部，支撐腿墊步調整擊打距離（圖

484、485)。

㈥對手躲過你的後旋腿，你左腳向身體左側偏後落地，並利用落地的反彈力，再起左腿上段旋踢（圖486、487）。

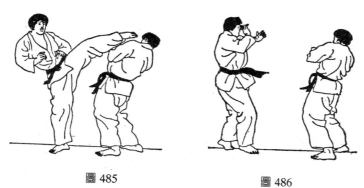

圖485　　　　　　圖486

㈦利用左旋踢的慣性，身體右轉，左腳落在對手左腳前，身體繼續右轉，右腿隨轉身旋踢（圖488、489、490)。在接近對手的範圍中起腿，要注意起腿的角度。

圖487　　　　　　圖488

圖 489　　　　　　　　　圖 490

二、第二組合

㈠從預備勢開始。對手起右腿前踢；你身體微左閃並後滑躲閃，同時以左前臂尺骨例為力點，向右格擋對手的右小腿（圖491）。

㈡未待對手右腿落地，你左腿踏實，右腳向對手右腿後側上步，同時左手封住對手的右臂（圖492、493）。

圖 491　　　　　　　　　圖 492

㈢右手向左推對手下頦，左手拉對手的脖子向下，右腿蹬地跳起，左膝向上猛提撞擊對手後腦（圖494）。

㈣上動不停。左腿向左後方落步，兩手向左下方推帶對手的頭部並摔倒之（圖495、496）。轉動絆摔要利用球體轉動的原理。

圖 493

圖 494

圖 495

圖 496

三、第三組合

㈠從預備勢開始。對手上右腳，起左腿進攻；你左腳後滑（圖497、498）。要判斷清對手起腿的速度、距離，後滑躲閃要適度，太遠則不利於反擊。

圖 497

圖 498

㈡對手的左腿還在空中，你右腳即向前上步，在對手調整好平衡之前，就此左腿旋踢反擊其右胸（圖499、500）。

圖499　　　　　　　　　圖500

㈢利用左腳擊撞對手的反作用力，迅速收回，左腳一落地，身體向右後轉（圖501）。

㈣身體繼續右後轉，右腿回身旋踢，以右腳踵為力點攻擊對手頭部（圖502、503）。

圖501　　　　　　　　　圖502

㈤右腿順勢向右擺動落到身體右後側，利用落地反作用力再提起旋踢對方頭部（圖504、505）。

圖 503　　　　　　　　圖 504

圖 505　　　　　　　　圖 506

㈥上動不停。身體左轉，右腿順旋踢之勢落到左腳內側，以左腿回旋踢對手頭部（圖 506、507、508）。

圖 507　　　　　　　　圖 508

四、第四組合

㈠以預備勢開始。對手上右腳出左腿（圖509）。

㈡你右腳後滑，左腳向右腳靠攏，同時以左手向左下摟撥對手的左腳腳脖子處，破壞其平衡（圖510）。

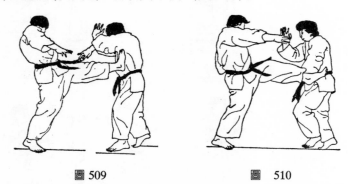

圖 509　　　　　　　　圖 510

㈢趁對手失去平衡之勢，左腳向前上步，同時左手向右推壓對手頭部（圖511）。

㈣上動不停。用左手迫使對手身體後傾，迅速左轉以右膝向上撞擊對手後腦（圖512）。承上動，左手向左下方拉帶對手，使其傾倒（圖513）。

圖 511　　　　　　圖 512　　　　　　圖 513

五、第五組合

相對以上四種組合都是先退一步再進攻，本組合則是在對手起動後上步截住對手爲先導。

㈠從預備勢開始。對手起右腿上段旋踢；你左膝提起，右腳向前墊步，以左臂和左肩迎住對手之右腳，以左足底阻截對手支撐腿的大腿內側（實戰時阻截襠部爲宜），並用力踹開其支撐腿，使其失去平衡（圖514、515、516）。

圖 514　　　　**圖 515**

㈡左腳向前落地，右腳迅速經左腳後側向左插步（圖517），左膝高提至胸，再以左腳腳踵爲力點向左橫掃對手頭部（圖518、519）。

㈢上動不停。左腳落在身體的左後（圖520）。承上動，右腳向前上步，身體左轉，左腿後旋踢隨身體左轉出擊（圖521、522、523）。起腿時若與對手相距太近，則以小腿後側群肌肉爲力點橫割對手的臉部。

圖 516

圖 517

圖 518

圖 519

圖 520

圖 521

圖 522　　　　　　圖 523

㈣身體繼續左轉，左腳落在身體左側，借用腳落地的反作用力，左腿再以上段旋踢再攻對手頭部（圖 524、525）。

圖 524　　　　　　圖 525

㈤以踢倒對手之勢，身體右轉，左腿迅速下壓，落在右腳旁，右腳則馬上起動，隨身體右轉以後旋踢反擊（圖 526、527、

圖 526　　　　　　圖 527

圖 528　　　　　　　圖 529

528）。擊著點如圖 529 所示。

㈥後旋踢掃倒對手後，還原成左前右後的預備勢（圖 530）。

六、第六組合

㈠從預備勢開始。對手上右腳，以左腿前彈踢進攻；

圖 530

你右左兩腳相繼微後滑，同時以左手向左向下摟撥對手之腿，牽拉其左腿向你左後落（圖 531、532、533）。

圖 531　　　　　　　圖 532

圖 533　　　　　　　　圖 534

　㈡根據對手左腿落地的狀態，你右腳墊步調整距離，在其左腿落地的瞬間，以左腳踢其膝關節（圖 534、535）。

　㈢上動不停。左腳收回，根據對手下跪時頭的高度，右腳調整距離，以左腳腳踵爲力點，向後旋踢對手頭部（圖 536、537）。

　㈣左腳一落地，右腿即提膝，隨身體右轉，右腿向後旋踢，

圖 535

圖 536

圖 537

圖 538

掃擊對手頭部（圖538、539、540）。上動不停，身體繼續右轉，右腿落在左腿後側，還原成預備勢（圖541）。

圖 539　　　　　　　　圖 540

圖 541　　　　　　　　圖 542

七、第七組合

㈠從預備勢開始。對手右腳上步，以左腿旋踢進攻；你後滑步閃躲，恰好躲過對手橫擺之腿（圖542、543）。

㈡上動不停。未等其右腿著地，你即上左腳，以右腿下段旋踢反擊（圖544、545）。

㈢對手失去平衡，你右腳下落，左腿提起，以旋踢反擊（圖546、547）。

圖 543

圖 544

圖 545

圖 546

圖 547

圖 548

㈣假設背後又有一人以右旋踢襲來；你則以右腳墊步調步擊
打距離，左腿以後旋踢反擊其腹肋部（圖 548、549、550）。

圖 549　　　　　　　　　　圖 550

八、第八組合

㈠從預備勢開始，對手以右腿上段旋踢擊來；你右腳後撤，左腳緊隨撤回，身體後躲（圖551）。

㈡對手的右腿落地之前，你左腳微前邁，右腳向前一步，同時左手在後、右手在前挾抱住對手的頭部（圖552、553）。

㈢上動不停。兩手拉對手的頭部後按，右腿蹬地，左膝用力上提，以左膝蓋撞擊對手的後腦（圖554）。

圖 551　　　　　　　　　　圖 552

圖 553

圖 554

圖 555

圖 556

圖 557

圖 558

　　㈣上動不停。左腳向左後撤步，兩手繼續抓住對手的頭部向左下帶，絆倒對手（圖 555、556）。

㈤左手抓住對手的右袖口向上拉，右拳向下栽拳，擊打對手
腋窩（圖557）。

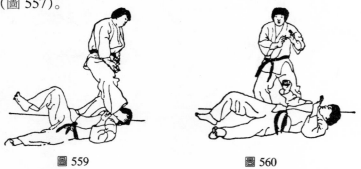

圖559　　　　　　　　　　　圖560

㈥上動不停。兩手拉住對手的右腕，左膝高高提起，以腳底
為力點，向下踩擊對手頭部（圖558、559）。此為危險動作，一
般對練時腳落在對手面部的前面。

㈦擊打動作完成後，身體左轉，右腿提起收到體後，還原成
預備勢（圖560）。

第二節　對連招進擊的防守反擊

一、三種時機

對付連招進擊，可採用阻截法，對方第一動發出未至之時就
阻截他，使其無法發連招。此法在本書第四章中已有介紹。但格
鬥的狀況瞬間萬變，了解和熟悉多種反擊方式將有益於應付突發
的情況。以下列舉三例。

㈠破壞對手的第一招

1.從預備勢開始。對手上右腳，以左腿前彈踢進攻；你身體
稍後閃，左手向左、向外摟撥其來腿（圖561）。上動不停，利
用對手左腿被撥，重心偏離之機，你左腳向前上步，貼在對手左

圖 561

圖 562

腿後側，同時右手向左格開對手的左拳（圖562）。上動不停，向右轉體，左肘擺起，隨轉體向右橫撞對手太陽穴（圖563）。

圖 563

2.從預備勢開始。對手起右腿前彈踢；你左腳向左側移，身體亦左躲，同時左手以掌底為力點向右推擋其腿（圖564）。上動不停，左手向上、向右劃弧再格擋對手的右拳，

圖 564

圖 565

圖 566　　　　　圖 567　　　　　圖 568

同時左腳向前上步，右腳跟進，滑到對手背後（圖565、566）。
上動不停，左手抓對手的頭髮，身體左轉，隨轉體右肘向左橫撞
對手右太陽穴（圖567、568）。

　㈡在對手起第二招時反擊：

　　1.從預備勢開始。對手以右腿中段旋踢擊來；你提左膝向左
擋住其右大腿內側（圖569）。
對手右腿被擋回落，又再次提
右腿以橫踢擊來；你後滑步躱
開其腿，同時以左掌根爲力點
向裡拍擋其小腿後側（圖
570、571）。上動不停，在對
手右腳落地之前，你右轉身
180度，右腿隨轉身後旋踢擊
對手後腦（圖 572、573、
574）。

圖 569

　　2.從預備勢開始。對手右腿以下段旋踢擊來；你左膝提起外
格（圖575）。對手利用被你阻擋下落之勢，再次以上段旋踢擊

圖 570

圖 571

圖 572

圖 573

圖 574

圖 575

來；你上體微左轉，兩臂向上、向左架起（圖576、577）。上動不停，你兩臂架開對手的右腿後，兩手向前壓住對方右臂並向右壓帶，同時右腳向左、向上勾踢對手的左腳內側（圖578、579、580）。

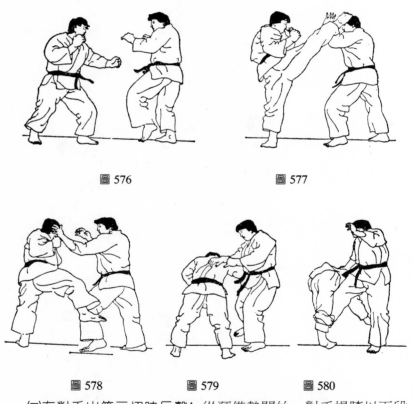

圖576　　　　　　　　　　圖577

圖578　　　　圖579　　　　圖580

㈢在對手出第三招時反擊：從預備勢開始。對手提膝以下段右旋踢擊來；你提左膝頂住其右大腿（圖581）。上動不停，你左腳撤回，同時左手以掌根向右拍擋對手的右衝拳（圖582）。上動不停，對手以左衝拳、左腿旋踢攻你頭部。你右腳後撤帶身

圖 581

圖 582

圖 583

圖 584

圖 585

圖 586

體後閃，對手左腿一過，你右腿墊步逼進對手，以左腳踩對手左膝關節外側（圖583、584、585、586）。

二、對跑跳帶踢的防守反擊

（一）破「之」字形跑動的踢：跑動中起腿常在雙方距離較遠時使用，但必須判斷對手在跑中踢哪邊腿。此例中（從預備勢開始），對手右腳向右側上步，但並非起左腿攻擊（圖587），對手左腿繼續向前邁一大步；你則右腳大步後退（圖588）。對手以左腳墊步調整距離，右腿前踢襲來；你則左腿大步後滑躲開其腿（圖589）。上動不停，未及對手右腿落地，你即右轉身右腿旋踢其頭部（圖590、591、592）。

圖587　　　　　　　　　圖588

（二）破跑踢：從預備勢開始。對手跑步式地右腳向前邁大步，並以右腳墊步向前，同時以左腿下段旋踢攻來；你原地右轉身提左膝相迎（圖593、594、595）。上動不停，左手按對手左臂推其後退，繼而以右腿上段旋踢反擊（圖596、597）。

圖 589

圖 590

圖 591

圖 592

圖 593

圖 594

圖 595

圖 596

圖 597

圖 598

圖 599

圖 600

　　㈢破騰空轉身旋踢：對手騰
空右轉身右腿後旋踢；你大步後
滑躲閃，左腳微離地，隨時準備
跨步向前（圖 598、599）。上動
不停，待對手左腿落地，你左腳
向前上大步，右手向右擊其胸
部，同時右腳從右向左橫向勾踢
對手之左腳跟，亦可旋踢膕窩
（圖 600、601、602）。

圖 601

　　㈣破騰空足刀（橫踢）：對手騰空而起以足刀直線攻來；你
後滑躲閃（圖 603、604、605）。對手腳落地瞬間可用三種方法
反擊：

圖 602

圖 603

圖 604

圖 605

1.左腳向前上步，以右腿上段旋踢反擊（圖606、607）。

2.右腳墊步，以左腳踹其右膝關節（圖608）。

3.左腳踏實，身體左轉上右腳切摔（圖609）。

圖 606　　　　　　　　圖 607

圖 608　　　　　　　　圖 609

第三節　逆勢求生的六個範例

　　所謂逆勢，是指陷入被動挨打的困境。在此時求生並非容易，但格鬥是肉體和意志的相搏，陷入逆境也必須有背水一戰的拚勁。即使僅有百分之一的逆轉希望，也要以百分之百的努力去爭取。

一、阻截失誤時的調整

㈠你以左腿前蹬阻截對手的肋部，但擦其肋邊而過時（圖610），應先注意對手的迎擊拳。隨即左手向前推擋其上體，破壞其出拳（圖611），左腳迅速下落在對手左腳外側，身體右轉帶右腿向後旋踢（圖612、613）。

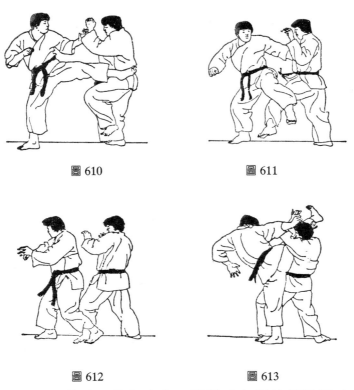

圖 610　　　　　　　　　　圖 611

圖 612　　　　　　　　　　圖 613

㈡你左腿前蹬阻截但失誤，從對手右腿外側滑過時（圖614），左腿速下壓，以左手抓住對手的右肩袖，右手抓其後頸逼其頭部前俯，同時右膝向上撞擊其頭（圖615）上動不停，右腿

向左後落，右手抓住對手後頸，向右下帶，絆倒對手（圖616、617）。

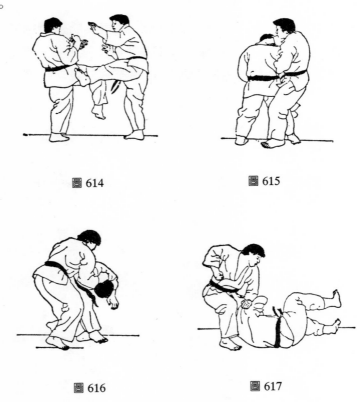

圖 614

圖 615

圖 616

圖 617

二、右彈踢被撥開時的調整

你右腿前彈踢進攻，被對手向裡撥開（圖618）。對手隨即起右腿欲旋踢（圖619）；你右腿迅速下壓落地，左臂上舉防守，右臂頂住對方脖子，右側向右橫帶，同時右腳頂住對手的左腳外側，將其絆倒（圖620、621）。

圖 618　　　　　　　　圖 619

圖 620　　　　　　　　圖 621

三、以切別反擊切別

　　你上右腳，起左腿前彈踢，但被對手撥開（圖 622）。對手繼而上左腳欲以切別摔你（圖623）；你左腿用力下壓，左手擋

圖 622　　　　　　　　圖 623

住對手的下頦並向上推，利用對手上步形成的兩腳交叉，以左腳
抵緊對手左腿後側，右腳後撤，同時左手用力向下壓按對手（圖
624、625）。

圖 624　　　　　　　　　　　圖 625

四、以膝還膝法

你左腿前踢被對手撥掛開（圖 626）。對手上右腳，以左膝
橫撞襲來；你左腿迅速收回，提膝向前阻擋住對手的左大腿前內
側（圖 627、628）。上動不停，左臂壓住對手脖子左側，向左下
方向帶壓（圖 629）。

圖 626　　　　　　　　　　　圖 627

圖 628　　　　　　　　圖 629

五、上段旋踢被阻時

你以右腳墊步向前，帶左腿上段旋踢；對手雙臂架擋（圖630）。你左腿外擺積極下落，同時左臂向前推擊對手頭部（圖631）。上動不停，左腳後撤，身體左轉，右肘從上向下、向左斜擊對手頭部（圖632。633）。

圖 630　　　　　　　　圖 631

圖 632　　　　　　　　圖 633

六、背向對手時的解脫

背向對手，本來是非常被動的，但對於那些已繞到你背後但還未主動進攻的對手來說，這時你還可能逆勢求生的。

圖 634

㈠對手繞到你背後，未及其出拳（圖 634）；你右膝高提，以右腿後旋腿攻擊（圖 635）。

㈡對手繞到背後（圖 636）你上體稍側傾，左膝高提，用足刀反擊對手的腹部（圖 637、638）。

圖 635　　　　　　圖 636

圖 637　　　　　　圖 638

第六章　擊打威力的形成

　　空手道十分注重擊打的功力。所謂「一擊必殺」是空手道威力非常的描寫。傳統空手道採用持石槌衝拳、舉石鎖、指戳沙石、打稻草捆來增加擊打威力。格鬥空手道所採用的方法在工具使用上有所改進。擊打功力的養成，不是單靠僵力，而是進行與格鬥力量環節相類似的活動性練習。一般在空手道俱樂部受訓的學生，每天早晨的體能練習有慢跑 10000 公尺、俯臥撐 500 次、仰臥起坐 500 次、半蹲跳 1000 次。槓鈴練習和沙包練習，亦爲每週必習之課目。

　　擊打威力訓練的內容可分爲基礎力量練習、硬度練習、打沙包練習三部分。

第一節　基礎力量練習

　　格鬥空手道以動力性的肌肉力量爲主，主要部位有四個：腿部力量（主要是股四頭肌群和腓腸肌）；臂胸部力量，腹背力量；頸肌群力量。力量練習每週以 2～3 次爲宜，一次以下肢力量爲主，上肢爲輔；一次以上肢力量爲主。若採用負重練習，則所負重量、組別和每組次數因人而異，最大負重每組 1～3 次，中等負重每組 10～20 次，練習 3～5 組，選擇兩三種負重方法進行練

習。格鬥空手道選手練習深蹲的負重量是自身體重的2～2.5倍，臥推的負重量是自身體重的1.2～1.5倍。進行負重練習時要注意發力的速度。

一、腿部力量練習

㈠沙灘跑跳：在沙灘上做各種跑和跳的練習，是格鬥空手道提高綜合性腿部力量的常用方法。

㈡深蹲縱跳：兩手抱在頭後，屈膝下蹲至大腿與地面平行（圖639）；兩腳蹬地，垂直向上跳起，充分伸展踝關節（圖640）。

圖639

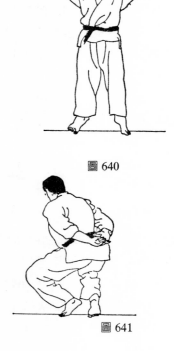

圖640

下蹲後也可向左上方或右上方跳起，也可以利用壺鈴負重深蹲縱跳。

㈢向後蛙跳：屈膝半蹲，兩手背在背後；前腳掌著地，兩腳跟踮起離地，保持開始姿勢，連續向後跳（圖641）。

圖641

㈣**深蹲前踢腿**：兩腳開立，兩手握拳上舉護於下頦，深蹲（圖 642）；隨即兩腳蹬地身體快速起立，同時右腿向上提膝再前踢出（圖 643）。上動不停，右腳落地立即再下蹲，蹬起左腿前踢。左右交替反覆做。

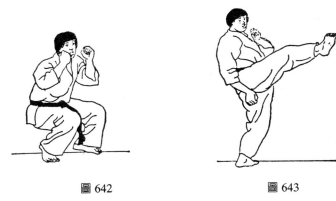

圖 642　　　　　　　　　圖 643

㈤**矮步走**：保持探蹲姿勢，兩手叉腰或前後擺動或做轉腰梳頭狀，左右腳交替向前邁步。

㈥**扛人半蹲**：讓同伴騎在肩上，兩手扶牆或其他支撐物，屈膝半蹲；再蹬兩腿，把同伴扛起。要充分伸展踝關節。

㈦**負杠鈴半蹲**：這是各類體育項目常用的發展下肢力量的方法。半蹲時要注意直腰，挺身站起時要盡量伸展踝關節。所負重量要循序漸進。

㈧**坐姿負重伸膝**：以組合力量練習器進行負重伸膝練習。

二、胸、臂力量練習

㈠**俯臥撑**：俯臥撑是發展上肢的伸展性力量練習。可分為掌撑、拳撑、指撑。指撑又可逐漸增加難度，從五指撑逐漸過渡到兩個指頭撑。兩手開立與肩同寬做俯臥撑是發展衝拳的力量，若

兩手開立比肩寬一倍，則是發展側拳擊打的力量。

要求：全身像一條棍子一樣直起直落。若要加大難度，可墊高腳的位置，也可用推起擊掌再下落的方式練習。

㈡推倒立：倒立，雙腳靠牆。雙臂屈肘，頭部下降，帶全身下落；雙手推地，兩臂伸直，使身體上升。

㈢雙杠上的雙臂屈伸。

㈣引體向上：可分正手握、反手握兩種引體向上，也可單手抓握做引體向上。

㈤仰臥持鈴擴胸：擴胸時肘關節要微屈。

㈥坐姿持鈴彎舉。

㈦臥推：臥推要在臥推架上練習。負重加大時，要讓同伴在旁幫助。兩手之間的距離因人而異，最好略寬於肩。推起時快速，下降時要控制速度。

三、腹、背部力量練習

㈠仰臥起坐：

1.可採取雙人練習方法。練習者屈膝仰臥地上，兩臂在胸前交叉；另一人兩手固定住練習者的踝關節。

⑴朝正前方起坐（圖644）。

⑵上體抬起時身體左右擰轉（圖645）。

2.仰臥舉腿：輔助者兩腳開立。練習者仰臥，兩手抓握輔助者的踝，兩腿伸直上舉；輔助者用力向下推練習者的腳。練習者要盡力不讓兩腿觸地後上舉（圖646、647）。

3.側臥起身：屈膝，側臥，一手抱頭，一手抱異側腰，由同伴固定兩腳，向側、向上起身（圖648）。左右可交替。

4.元寶收腹：

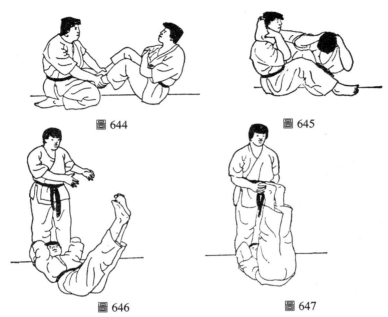

圖 644

圖 645

圖 646

圖 647

仰臥（圖 649）。雙腿伸直與頭部軀幹上身同時抬起，可用雙手去觸摸腳面。下落時要控住，不讓腳跟和頭部觸地即再次抬起（圖 650）。

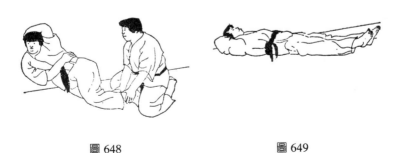

圖 648

圖 649

5.斜板仰臥起坐與舉腿：為了加大訓練強度，可仰臥在斜板上做起坐和舉腿運動，也可負重。

圖 650　　　　　　　　　圖 651

6.俯臥起身：俯臥，由同伴固定住腳部，練習者兩手可抱住後頭或放於腰部（圖 651），然後抬頭，上身盡量向上挺起（圖 652）。

7.俯臥舉腿：俯臥，由同伴固定住肩，雙腿直腿向上舉起（圖 653）。

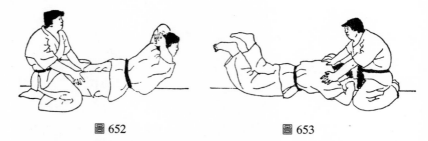

圖 652　　　　　　　　　圖 653

8.負重伸背：兩腳開立，讓同伴兩手勾住脖子並坐在你的大腿上，你以兩手抱住他的小腿，下肢不動，上體前俯（圖 654），隨後靠背肌收縮力量，使上體直起（圖 655）。

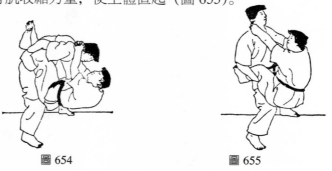

圖 654　　　　　　　　　圖 655

9.負重挺身(1)：同伴雙手握住膕窩，屈成一團；你攔腰抱住他，靠背肌收縮將他高舉起（圖656）。

10.負重挺身(2)：俯臥在凳子上，用槓鈴片或啞鈴壓在頭部後側，抬頭向後挺身。

四、頸部肌群力量練習

圖 656

頸部肌群力量練習可採用靜力性的練習方法。練習時，站姿、坐姿均可，讓同伴按住你的頭部，分別向前、後、左、右四個方向推、按，你用力向其發力的相反方向抵抗，靜止7～10秒鐘。

第二節　硬度練習

一、脛部硬度練習

脛部一般被碰到就有很痛的感覺。但空手道常常以脛骨來阻擋對手的下段踢或以脛骨為力點撞踢對手，所以應特別重視對脛部硬度的練習。練習方法主要有以下兩種。

(一)踢硬物：

1.用布或帶子把樹包起來，用脛部踢。

2.踢輪胎。

(二)敲擊滾動：

1.先在脛骨上墊幾層毛巾或其它緩衝物，用竹筷子、木棒或

啤酒由輕到重地敲打（圖657、658）。逐漸減去緩衝物。

2.用啞鈴在脛骨上滾動。

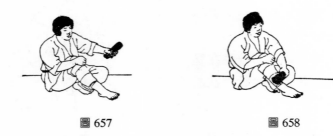

圖657　　　　　　　　圖658

二、拳面與肘尖的硬度練習

(一)打稻草捆：用稻草捆成堅實的一大捆，用拳面、肘尖擊打。

(二)以拳面敲打木板（圖659）。

(三)以肘尖敲打木板。

圖659

第三節　沙包練習

拳腳空擊與擊打實物的感覺和效果是不同的。擊打實物會給拳腳以反作用力，這種反作用力能養成骨骼肌肉的適應力，而這種適應力是空擊時無法養成的。同樣，拳腳擊打在沙包上，身體角度會因反作用力而有所變化，對組合技術的連接有影響，如果不進行實物擊打練習，就無法領會這種影響。

沙包的重量與高度可根據個人的習慣來選擇。重量一般40~80公斤，高度為1.60~1.80公尺。懸掛成離地0.60~0.80

公尺。沙包的表面最好是皮革，若用帆布為表層，在擊打時手需要包纏帶或帶打沙包手套，腳面也要戴護踝之類的緩衝物，以免刮傷皮膚。

初練時，要有同伴扶住沙包，拳、腿的擊打要向著沙包的軸心方向用力。擊空和擊偏容易造成關節損傷，必須充分注意。一般擊打到拳面或腳面的皮膚發熱，就變換擊打部位。

一、單擊練習

先以單個基本動作擊打沙包，每個動作如衝拳、側拳、前踢、旋踢、橫踢、後旋踢等都要經過擊打沙包練習。一般一個動作一組，約 10～30 次，每次練 3～5 組。以下舉幾個單擊例子。

(一)右腿旋踢：

1.低旋踢：與沙包相距為中距離，以支撐腿（左腿）滑動靠近沙包（圖 660）；支撐腿膝蓋外轉，腳跟內扣，以右腿脛骨前側為力點枒橫向擊打（圖 661）。

圖 660　　　　　　　　　　圖 661

2.中段旋踢：向側提右膝，大腿與小腿平行側舉，腳後跟緊貼臀部（圖 662）；上動不停，靠伸膝，以右腳面為力點，向左旋踢沙包（圖 663）。與此同時，支撐腿和腰要迅速向左轉。

圖 662

圖 663

3.上段旋踢：搖動沙包，
在沙包擺動時上步旋踢。練習
掌握擊打的時機（圖 664）。

　㈡中段前彈踢：成右腿在
後左腿在前之勢。左腳向前一
步，右膝向前、向上提起，以
腰催右膝向前彈出，以虎趾部
為力點擊沙包下部。

圖 664

㈢中段後蹬腿：先向後轉體約 180 度（圖 665），右膝隨即順勢
高提，以全腳掌為力點，靠轉體伸膝蹬踢（圖 666）。

圖 665　　　　　　　　　　圖 666

㈣**膝頂**：兩手扶住沙包（圖 667），左腳蹬地，右膝向上頂（圖 668）。可左右交替練習。

圖 667　　　　　　　　　圖 668

㈤**轉身鞭打**：背向沙包，左腳在前，右腳在後（圖 669）；向左轉身，以左前臂尺骨側爲力點橫擊沙包（圖 670）。

圖 669　　　　　　　　　圖 670

㈥**衝拳**：以左右衝拳擊打沙包，要調整好擊打的距離。一拳一拳扎扎實實地打。側拳、勾拳都按動作要領做擊打沙包練習。

二、假想練習

　　把沙包作爲對手，或者在跑動中起腿擊打，或者繞沙包躲閃移動後再變角度，或調整距離後攻擊沙包，用這種方式來練習距離感。舉一實例：左腿支撐，右腿下段後旋，從沙包的底下經過（圖 671）；右腿繼續後擺向後落地，左腿中段旋踢（不接觸沙包。圖 672）；左腳向前落地，右腿後插一步（圖 673），左腿提膝，向左上橫擺，以左腳跟爲力點後旋擊打沙包（圖 674）。

圖 671　　　　　　　　　　　　圖 672

圖 673　　　　　　　　　　　　圖 674

三、組合練習

手法組合、腿法組合、手腿組合等都可利用沙包進行練習。可以在第一動擊動沙包後隨沙包的搖動跟進進攻，也可以由同伴扶住沙包，固定沙包，練習者第一擊後改變角度或向後退回又繼續連擊。下面有兩組組合擊打實例。

㈠拳肘組合：上左腳打左拳（圖 675）；左拳收回，右拳擊出（圖 676）。上動不停，左腳上步，左肘向右橫擊（圖 677）；繼而身體左閃，重心向前，右肘向左橫擊（圖 678）。

圖 675　　　　　　　　　　圖 676

圖 677　　　　　　　　　　圖 678

　　㈡手足組合：與沙包保持中距離間距。假對手欲起動；你前腿（左腳）以腳跟和足心爲力點阻擊（圖679）；對手被阻後退，你左腳下落，以右腿下段旋踢連擊（圖680）；右腿向右側下落，則右左衝拳連擊（圖681、682）；利用衝左拳的轉體，重心移到右腿，左腿上段旋踢（圖683）。

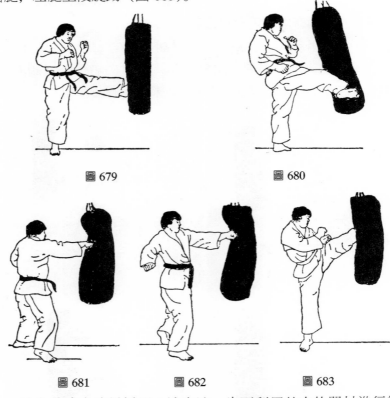

圖679　　　　　　　　　　　　圖680

圖681　　　　　圖682　　　　　圖683

　　功力養成大略是採用上述方法。也可利用其它的器材進行練習。格鬥空手道的練習者們已注意採用現代運動訓練的手段來發展一般身體素質，而打沙包和打手靶、腳靶的練習也是常常採用的，一爲固定形式擊打，二爲移動中喂招擊靶。

第七章　得意技與「捨身技」

第一節　絕招與得意技

在我國表現武藝的小說和影視中，常常出現「絕招」這一字眼，「絕招」被描繪成技藝的頂點，「絕招」可令對手防不勝防。

要說有「絕招」，那就自己得心應手之招，每個基本技法都可能成為某個人的「絕招」。「絕招」是根據自己身體素質的特點，根據對某個技術的理解和反覆實踐而形成的。我國武術界有「郭雲深半步崩拳打遍天下」之說，形意拳的崩拳，很簡單，練過形意拳的人都會，可是一般人用此招並無巧妙之處，而郭云深由於對角度和時機的把握，加上擊打功力，使最簡單的招法成為難擋之「絕」。李小龍的側踹，那種出腿的速度、角度，捕捉時機的準確度和擊打力度，使這個常見基本技法成為「絕活」。

絕招不「絕」，一個招法，在甲是「絕」，而乙使用就不一定。甲使該招於丙可能奏效，同樣招法對付丁可能不中用。所以「絕招」是相對的。我們稱的「絕招」，在日本空手道人士中則稱為「得意技」。

我國武術界有「千招會不如一招熟」之諺語。當然，在對抗中，技術全面、能守能攻，腿好、拳好又能摔是理想的選手，但

不可能人人都如此全面。有些選手，學過不少技術，一到對抗則不知用哪招好。這種情況下，練就一至兩招得意技，則是十分有用的。日本大道塾空手道家東孝認爲：「得意技可作爲自己組合進攻的基礎，以這一得意技爲基礎，演化組合出其他技術。如果沒有一個基礎，則無法形成技術特色。」得意技還會起心理安定作用，當使用其他動作沒把握時，以得意技爲先，擊中對手後可以增強自信心。

第二節　如何形成自己的得意技

一、借鑒他人的經驗

　　一些格鬥空手道的名手認爲，他們的得意技是在經驗中取得的。剛開始上揚，冒冒失失，不懂得緊張，也不知怎麼應用技術爲好，隨著經驗的積累，有了覺得比較好用的動作，漸漸就以此爲中心形成得意技了。如「拂足」，在過去的日本空手道技法書中很少出現，而現在已成爲一些選手的得意技。獲得 1986 年國際大學生空手道大會冠軍的釜辰信，就是以該招爲得意技：對手上左腳出左衝拳，他以右手牽制其拳，迅速靠近對手，以「拂足」從對手左腳內側向外拂，拂倒對手；對手不主動進攻，他則用右手封住對手的左拳，上左腳，以右腳勾踢對手的左腳跟。「拗步衝拳」擊打對手中段則是安齊選手的得意技，他能在離對手尚遠的地方，以起腿進攻作爲誘惑，突然逼近以拗步衝拳攻擊對手，逼近迅猛，擊打十分有力，使對手難以招架。而 1984 年獲極眞會全日本冠軍的黑澤選手，則以下段旋踢作爲得意技。他臥推達 200 公斤，深蹲 300 公克，在對抗中，他一防開對手的腿

就是低段旋踢；躲閃開對手的來拳也低段旋踢，強頸有力的旋踢踢得對手支撐不住。

　　借鑑他人的成功之處，正確地分析自己的特點，徵求有經驗的前輩和老師的意見，選擇適合自己的得意技，再回到實踐中是形成你自己的得意技的有效途徑。

二、分析你的特點

　　形成得意技有兩個因素：

　　㈠體型：身材高矮、體重大小、手腿的長短。

　　㈡氣質：膽量的大小，神經類型（興奮型還是穩定型）。

　　不同體型的建議：

　　1.個小體型：以衝拳、後踹腿爲主。這類選手相對那些粗壯的選手，在擊打威力上確實是低差的。因此要靠靈活多變的步法，且戰且退，捕捉戰機，突然逼近對手，以飛快的衝拳攻擊，或者以假動作破壞對方的防守後，用後踹腿進攻。

　　2.高瘦型：以衝拳、腿擊爲主。這類選手身長腿長，一伸手就能觸及對手，最適合衝拳、腿擊。用前彈腿、上段旋踢都是適宜的。

　　3.粗壯型：以衝拳轉摔爲主。這類選手的缺點是缺乏敏捷性，要發揮力量大的特點。從衝拳轉到橫擊，靠近抓住即摔即拂足的打法，適合這類體型的選手。

三、圖表的啟示

　　「得意技參考選擇圖」是分析自己特點得意技的示意圖。左邊列舉的五種方法是空手道的基本方法，而圓圈裡的 16 個問題是要你選擇回答的。從「你的鬥志旺盛嗎？」起始，如果你的回

得意技參考選擇圖

你的鬥志旺盛嗎？

你臥推有自信心嗎？

你喜愛事物的本色嗎？

你的腳長嗎？

你手臂長嗎？

球技好嗎？

你是猛打型嗎？

被看成是愛吵架的人嗎？

狼的凶鑒會借鑒嗎？

喜歡泰森嗎？

你變巧嗎？

柔和性好嗎？

深蹲有信心嗎？

個頭小嗎？

喜歡李小龍嗎？

彈跳力好嗎？

下段旋踢

衝拳（長距離）

打拳（中距離）

後踹

上段旋踢

答是「是」，那麼你就順著實踐所示箭頭尋找自己的得意技。如是「不是」，則順著虛線所示的箭頭尋找自己的得意技。這是日本《月刊空手道》雜誌社，訪問了 20 餘名空手道教練和運動訓練專家後，編輯而成的。你不妨借鑒一下。

第三節　捨身技

在倒地與跳躍的情況下攻擊對手，若有差池，則容易給對手以可乘之機，所以必須在十分嫻熟的基礎上應用「捨身」技術。以下幾種技巧常常是個子小的選手對付大個子選手的好方法。

一、搶背擊頭

搶背擊頭是以軀幹的翻轉帶動擺動腿翻轉成從上向下蓋壓的方法，與中國的搶背擊頭技法相似。這個大幅度的動作，只能限於那些對此技術十分嫻熟的選手使用，而且也只能抓住時機偶爾使用。在日本空手道比賽和世界性的空手道比賽中，曾多次出現個子小的選手在被動的情況下使用這種技術，準確地擊中對手的頭部，從而擊倒對手的實例，這並不是好看的花招，而是背水一戰的奇襲之招。

動作分解：

㈠與對手之間的距離為遠距離（圖 684）。

㈡右腳向前上步，接近對手（圖 685）。

㈢上動不停，右腳蹬地，右肩向左前方斜送，軀幹沿順時針方向橫向翻轉，左腿伸直隨軀幹的翻轉向上向前擺起（圖 686）。這時右肩的走向決定擊打的路線，右肩向前送得較淺，則擺動腿的軌跡在正上方，如果右肩向前送得較深，則擺動腿擊打軌跡是

斜向的。上動送肩轉體決不能猶豫，在這裡果斷比什麼都重要。

　　㈣上動不停。身體騰空繼續翻轉，此時眼睛要盯住擊打的目標，擺動腿伸膝（圖 687）。

圖 684　　　　　　　　　　　圖 685

　　㈤上動不停。以左腳跟為力點從上向下攻擊目標。可擊對方面部、頭部側面或下頦（圖 688）。

圖 686　　　　　　　　　　　圖 687

　　落地時以右肩和右臂屈肘拍地緩衝。

　　要點：以右肩為先導而不是以頭部為先導，肩所向的方位決定動作的擊打目標。還要計算好距離。此為騰空動作，人騰在空

中是無法調整距離的。若距離誤差幾公分，就難以擊中對手了。

以此作爲組合主體，可以利用拳打腳踢爲組合先導，突然上右腳起勁。

這技術是捨身技，不管擊中與否，自己都要落在地上，所以說是危險技術。但如果想到比賽是眞的格鬥，若失敗即死，有了決死的覺悟，就可果斷地使用了。

二、卧地剪腿

剪腿也是倒地腿法，可以從遠距離跳起插入剪腿，也可以近距離剪。

動作說明：

㈠左手撥開對手的右拳，左腿提起（圖689）。

㈡上動不停。左手前伸抓住對手的右肩，身體右倒以右手扶地，左腿伸向對手的腹部，右腿到對手的膕窩處（圖690、691）。

㈢上動不停。兩腿伸直，靠腰的左轉，左腿向後、右腿向前用力，剪倒對手（圖692）。

圖688

圖689

圖 690　　　　　　　　　圖 691

圖 692　　　　　　　　　圖 693

三、二段踢

二段踢就是跳起連著攻擊下、上二段，與我國的二起腳動作一樣。有的攻下段採用頂膝，攻上段採用前彈；有的二段均用前彈。

(一)二段踢之一：右腳向前上步，蹬地跳起，左腳向前下踢對方下段部位（圖 693、694）。上動不停，未及左腿落地，右腿以腳面為力點踢對手上段（圖 695）。落地要屈膝緩衝。

圖 694　　　　　　　　　圖 695

㈡二段踢之二：第一擊爲虛引，重在第二段之擊。

　　左腳向前上步，逼近對手（圖 696）；上動不停，左腳蹬地，右膝向前上擺起，欲撞擊對手的顏面（圖 697）；在空中，左腳向前上方彈踢，擊對方下頦（圖 698）。

圖 696　　　　　　　　　圖 697

四、騰空回身踹

㈠全身保持輕鬆狀態（圖 699）。

圖 698　　　　　　　圖 699

圖 700　　　　圖 701　　　　圖 702

㈡身體右後轉，兩腳同時蹬地跳起，重心仍保持在兩腿之間，上體保持垂直狀態上升，仍保持輕鬆狀態（圖700）。

㈢上動不停。身體在空中繼續右轉，目視擊打目標；右腿大小腿夾緊，膝蓋外展，大腿與地面平行（圖701）。

㈣以腰作為發力的支撐點，以足刀為力點，利用腰的擰轉，右腿像鞭子一樣踹出，同時左腿向右腿用力的相反方向拉，增強踹腿的反作用力（圖702）。

以上僅介紹了兩個地躺腿法和兩個騰空腿法。跳起回身旋踢、騰空側踹也是格鬥空手道的常用動作，但可以在掌握以上各動的基礎上觸類旁通。

第八章　如何安排你的練習

一名優秀的格鬥空手道家，必須有頑強的鬥志，機敏的判斷力，有嫻熟的技巧、合理的戰術，還要有全面而良好的身體素質。這些條件一部份是遺傳因素，更大程度上是依靠艱苦的訓練。中國武術強調「夏練三伏，冬練三九」，日本空手道則要求窮極畢生精力，著魔似地練習。訓練是優秀格鬥家的必經之路，但一味長時間地大運動量訓練，往往造成疲勞性損傷，欲速則不達。現代運動訓練強調合理的負荷，重視在合理負荷前提下的恢復措施。當今要具備高水平的競技能力，除了本身的努力外，還需要心理學、運動醫學知識和教練員的幫助。作為一般的教練員和自學者，則需要注意練習量的適度。本章借鑒格鬥空手道專家東孝先生等人的體系，對格鬥空手道的練習內容和手段作了一些介紹，練習者可作為安排自己練習的參照。

第一節　內容與手段

一、內容與手段的總體分類

「心、技、體」是構成空手道整體水平的三大要素。心，主要指心理訓練水平和智能水平；技，指技術與技巧；體，就是身

體素質，包括一般身體素質和專項身體素質。日本空手道家把空
手道的整個修煉過程看作動態的「修禪」之道，到達「禪」的境
界已是鎮定自若，洞察細微之時。從心理訓練角度講，已達上
乘。而實際的可以量化的內容與手段則可以大體分爲三部分（詳
見「空手道內容與手段」表）。

空手道內容與手段

內　　容	手　　段
技　　術	基本練習，移動練習，打靶練習，固定組手，對影格鬥，自由組手
擊打威力	徒手的力量練習，負重力量練習，硬度練習，打沙包練習
身體素質	柔軟體操，長跑，跳繩，$2'-3'$不停地擊打沙包

二、月練習內容與手段的安排

　　一個職業選手，每天大約要花 6～8 小時從事訓練。而一般
的業餘選手，每週練習 5 次，每次 3 小時左右爲宜。每次練習的
內容，都應包括準備活動（慢跑、遊戲、柔軟體操等）、基本練
習、整理活動，而發展技術、擊打威力和身體素質的其他手段則
要交叉選用，以月爲單位的練習計劃的安排，請參見「月練習計
劃表」。

　　以上是大體的範例，某個階段在發展技術的練習安排中有所
側重。如某階段要側重發展足刀的技術，在伸展性練習、打沙
包、負重練習、喂招練習中，就要以足刀的技術爲中心來安排手
段和組別。爲改進某一技術，也應注意在各個環節中的內容和手

段要爲這一技術的改進服務。

月練習計劃表

週次	星期	手段的選擇與時間 0　　30　　60　　　　120　　　180 （分鐘）				
第 1 、 3 週	一 三 五	準 備 活 動	基 本 練 習	綜合性力量練 習和負重練習	打沙袋	整 理 活 動
	四 六			移動練習	喂招與實戰	
第 2 、 5 週	一 三 五			移動練習	喂招與實戰	
	四 六			綜合性力量練 習和負重練習	打沙袋	

三、練習內容舉例

(一)早操　　時間：60 分鐘

1.長跑：5000 公尺至 1000 公尺。

2.俯臥撐：300 次×5 組。

3.腹肌練習：100 次×2 組。

4.背肌練習：100 次×2 組。

5.深蹲縱跳：500 次。

(二)準備體操　　時間：30 分鐘

目的在於提高體溫，活動各關節，發展各關節的伸展性。

1.跳繩：3′×2 組（慢跑或遊戲）。

2.柔軟體操：採用靜止拉壓的方法，選擇各種單人或雙人的伸展頸、肩、胸腹、背、腰、臗、踝、腕等關節的動作，伸展到最大限度靜止不動，持續 10～15 秒或更長。

3.掌臥撐：50 次

4.指臥撐：30 次

5.仰臥兩頭起：50 次

6.仰臥起坐：50 次

7.俯臥抬頭：50 次

8.頸部肌肉練習：兩人對抗練習，向左、右、前、後方向用力各 10 次。

9.深蹲跳：30 次×2 組。

(三)基本練習　　時間：30 分鐘

基本練習是構成空手道技術體系的基礎，必須課課練。每個動作的正確路線和發力順序都必須確實地掌握好，並注意全身動作的協調。每個動作完成後還應注意體勢的平衡。

1.衝拳（上段、中段）：左右各 20 次。

2.側拳（上段、中段）：左右各 20 次。

3.上勾拳（上段、中段）：左右各 20 次。

4.肘撞（上段、中段）：左右各 20 次。

5.前彈踢：左右各 25 次。

6.膝撞：左右各 25 次。

7.正踢腿、側踢腿（同中國武術技法）：左右各 20 次。

8.橫踢（足刀）：左右各 20 次。

9.旋踢（上段、中段）：左右各 24 次×2 組。

10.後踢：25 次×2 組。

11.裡合腿、踵壓腿：各 25 次×2 組。

12.拂足：50 次。

13.踢關節：30 次。

(四)移動練習　　時間：60 分鐘

移動練習是掌握攻擊時間與距離和組合進攻的主要手段。傳統空手道，移動練習僅用弓步站立，一邊向前移動一邊以弓步站立出招。在格鬥空手道中，這種移動練習是假設性的對抗練習，步法可結合前進、後退、左躲、右閃和改變角度等形式，移動練習採用在練習場上往返的形式進行。一次往返近 20 公尺。

1.順步衝拳：3 次往返。

2.拗弓步衝拳：3 次往返。

3.單手兩次連擊：兩次往返。

4.兩手交叉連擊：兩次往返。

5.三拳或四拳交叉連擊：兩次往返。

6.用上步或墊步練習足技：①前彈踢，②下段旋踢，③上段旋踢，④後踢，⑤足刀，⑥裡合腿，⑦回身旋踢，⑧踵壓腿。每種足技兩趟往返。

7.足技組合，兩腿或三腿組合，選三至四種，每種兩趟往返。

8.手足組合技，選出三至四種組合，每種兩趟往返。

(五)打沙袋練習（打手或腳靶亦可）　　時間：60 分鐘

打沙袋練習是為了培養擊打威力和耐力。通過原地和移動練習來掌握技術。

1.衝擊：左右各 30 次。

2.側拳：左右各 30 次。

3.左右交叉連擊（衝拳、側拳、上勾）：30 次。

4.連續擊打 $1' \times 3$ 組。

5.前踢：左右各 30 次。

6.旋踢：（上、中、下段）左右各 30 次。

7.後踢：左右各 30 次。

8.連續腳踢：1′+3 組。

9.拳腳組合：3′×3 組。

打沙包練習的開始階段，要由輕到重地擊打。在拳面、腳面和膝、踵、肘、肩都已基本適應的前提下，擊打則要有將自己的整個體重都灌注到拳面和足部的意念，要有全力以赴打穿沙包的意念。

練習時，可以沙包作為對手，在躲閃中做各種出拳、起腿的練習。

㈥綜合性力量練習和負重練習　　時間：60 分鐘

這是格鬥空手道必習之課，擊打的破壞力從這裡產生。這行負重練習要特別注意以下幾點：

1.練習前要充分做好準備活動。

2.組與組之間的歇息要注意保溫。

3.每個負重的動作都要正確地進行。

4.注意動作的結構，使其盡量與技術的發力結構一致。

5.一次練習是以上肢為主還是以下肢為主要分開。

6.發展力量的練習一個週期一般為二至三個月。

訓練內容：

1.跳繩：3′×3 組。

2.臥推：100 公斤以上 3～5 組，每組 8～12 次。

3.深蹲：150 公斤以上 3～5 組，每組 8～12 個。

4.持鈴彎舉：20～40 公斤，3～5 組。

5.俯身屈臂持鈴至胸：30～50 公斤，3～5 組。

6.立姿反覆提鈴至胸：20～40 公斤，3～5 組。

7.頸部力量練習：各方向用力 20″×2 組。

8.腹、背肌負重練習：500 次×3 組。

　　格鬥空手道常採用現代運動訓練中發展力量素質的方法，以肌肉群作爲分別，負重的限度和動作的結構均借鑒發展身體素質的一般方法。

　　(七)喂招與實戰：喂招就是日本語中的「固定組手」。練習時確定好誰先出招，出什麼招；誰防守反擊，以何種方法反擊，一次還是兩次反擊。通過喂招練習，掌握攻擊與防守的時機與距離。再從喂招過渡到自由式的對抗實戰。實戰練習是培養距離感和實戰的反應，雙方不是拚命打，而是鎮定地使用體力和技巧，實戰練習容易受傷，每週有一次便可。

　　1.對踢的防守反擊，從防守到「一本」反擊 (即一次擊打)。

　　2.對拳的防守反擊，同上。

　　3.對兩次或三次進攻的防守反擊。可用兩次或三次連擊反擊。

　　4.緊逼不接觸的模擬踢打。

　　5.戴上護具的對打。

　　6.兩人輕接觸二至三招即分開的對打。

　　7.實戰練習，1′×5 組。

第二節　　練習課範例

一、禮節，跪坐默想 (調呼吸、調精神)

二、準備體操

㈠踝關節、膝關節的屈伸；㈡腰繞環；㈢坐姿壓腿；㈣豎劈

叉；㈤坐姿按摩踝關節；㈥體轉運動；㈦伸背運動；㈧脖子向前、後、左、右旋轉；㈨壓腕運動。

三、基本練習

兩腳前後開立，採用預備勢站立。

㈠中段衝拳 50 次；㈡上段衝拳 30 次；㈢鞭打（從上向下）30 次；㈣左右鞭打 30 次；㈤轉身鞭打 30 次；㈥托掌擊下頦 50 次；㈦馬步栽拳 30 次；㈧橫肘 30 次；㈨合掌蓄力調整 1 分鐘；㈩上架 30 次；㈪裡格、外擋各 30 次；㈫摟掛 30 次；㈬手刀劈面 30 次；㈭手刀劈鎖骨 30 次；㈮手刀擊打脾臟 30 次；㈯正踢腿左右各 10 次；㈰正頂膝左右 50 次；㈱前彈踢 50 次；㈲撩襠腿 30 次；㈳旋踢 50 次；㈴橫踢 50 次；㈵踢關節 50 次；㈶後踹 30 次。

四、默想（站立式）

五、移動練習

㈠中段拗步衝拳往返兩次；㈡上架衝拳；㈢外格衝拳；㈣摟掛衝拳；㈤上架、裡格、外格後連環三拳；㈥前彈踢；㈦旋踢；㈧深呼吸。

註：㈡～㈦各往返一次。

六、連擊練習

㈠原地連擊：選五至六種組合動作，原地練習，一種 30 次；㈡行進間連擊：選擇四至五種組合，一種來回一趟。

七、固定組手

行進間練習，一人進攻，一人防守，間以反擊。

八、自由組手（對抗）練習

㈠段位高者站在第一排，段位低者進攻；㈡同段者互攻。以上各一分鐘。

九、輔助練習

以徒手練習發展力量。俯臥撐，倒立，兩人一組腹、背肌練習。每種 50 次。

十、調整

㈠輕衝拳、輕前踢各 25 次；㈡腰繞環，腕、足關節繞環；㈢深呼吸。

十一、行禮

十二、默想

技術等級高者，在總體練習後，再打手靶、腳靶、沙包。

註：以上列舉的是極眞會空手道本部館的一節練習課內容。從比賽的方式，極眞會採用直接擊打制，是最早被譽爲實戰空手道的團體。但訓練體系上，它較多地保持了傳統空手道的方式。

第九章　比賽規則簡介

日本黑鬥旗空手道比賽是跨越門派的比賽，由東孝所率的「大道塾」主辦。只要承認其裁判方法，就可以參加比賽。該比賽在近年來每年舉行兩次，一次為無差別級比賽，一次按體重分四個級別比賽。其比賽規則除不帶護身、護脛、手套外，與我國的散手比賽十分相近。現摘錄如下。

第一節　通則簡介

一、場地

空手道比賽在邊長為 9 公尺的地面或台上進行，地上鋪有 3 公分厚的地毯或榻榻米。

二、性質

比賽分為個人賽和團體賽。

三、裁判分工

一場比賽設有裁判長、副裁判長。裁判長負責整個大會的裁判工作，指定每場比賽的裁判員。副裁判長協助裁判長工作，在

裁判長不在時，可代行其責。

　　一場比賽由監察1人，主裁判1人，副裁判2人，記時員、記錄員、示分員若干名擔任。

　　主裁判在場上起主導作用，指揮比賽的開始、暫停、重新開始，運動員出界時將其引回原開始點，宣布一本、有效、有技，判定犯規並實施罰則。開場時指揮運動員施禮，結束時宣告比賽結果。主裁判對場上情況不清楚時，可做手勢徵求副裁判判定。

　　副裁判兩人，各攜帶紅、白兩面小旗和口哨，坐在指定的對角上，協助主裁判判定。可判一本、有效、有技、犯規，一方受傷、出界等，用鳴哨和旗語將自己的判定通知主裁判。副裁判對主裁判的判定有異議時，可用旗語提出意見。

第二節　細則摘錄

比賽方法：

　　一、採用直接擊打、擊倒制（拳、腳、肘、膝均可直接擊打全身）。

　　二、不帶護具，手、腳可不帶任何緩衝物攻擊。

　　註1：大道塾指定的拳套和繃帶可以使用。

　　註2：使用繃帶保護手時，繃帶長度只能在1.5公尺以內。

　　註3：護身原則上不用，但本人希望採用的也可以，需本人填申請書記入備考欄。

　　三、一方擊中另一方，先取得「一本」，不間斷比賽。在比賽時間結束前，要讓雙方充分地施展本領，給先失利者以取勝的機會。

　　四、瞬間的投技（快摔）有效。

五、身體指數（身高＋體重）差別達 20 以上者，雙方戴護襠，允許踢襠。

第 24 條

勝敗的判定有如下三種情況：

1.一本勝利。

2.判定勝（a．有效的多少，b．有技的多少）。

3.對手犯規被罰或棄權。

第 25 條

一本勝（選錄）

由於一方上段（頭部）、中段（軀幹）、下段（腿部）受到攻擊而產生如下情況：

1.倒地 10 秒以上。

2.雖未倒地，但 15 秒以上時間喪失戰鬥意識（指正對對手，兩拳無法舉到自己頭部兩側做預備勢的狀態）。

3.雖然沒有倒下也沒有喪失戰鬥意識，但 15 秒以上時間頭部盡被對方攻擊，無法反擊也無法防守。

第 26 條

「有技」的判定（選錄）

由於攻擊上段、中段、下段：

1.倒地 5 秒以上但未達 10 秒。

2.沒倒地，但 10 秒以上未達 15 秒的時間內喪失戰鬥意識。

3.沒倒地也沒喪失戰鬥意識，但在 10 秒以上未達 15 秒時間內，頭部一直被對方攻擊，無法反擊也無法防守。

第 27 條

「有效」的判定（選錄）

由於攻擊上段、中段、下段：

1.倒地未達 5 秒。

2.雖未倒地，但 5 秒以上未達 10 秒時間內喪失戰鬥意識。

3.5 秒以上無法反擊，也無法防守對方以頭部為主體的連續攻擊。

4.用投技（摔）、拂足等動作擊倒對手，用拳打、肘撞或腳踢做「極」（對倒地的對手再進攻，把動作停在觸及對手前一寸處）。

註 1：「有效」擊打出現後，如果無法反擊對手而故意採用背向對手、自己倒地，則要提醒注意。

註 2：副裁判「有效」的哨即使吹響，但主裁判「等」的口令未下，還可以繼續進攻（此時進攻可能取得「一本」或「有技」）。

註 3：主裁判可以在副裁判「有效」的哨聲響後不喊「等」，讓攻擊繼續進行。

第 28 條

罰下場和棄權有如下幾種：

1.比賽中一方因犯規行為被罰下場，另一方為勝者。

2.在出場信號發出後，一方無正當理由，1 分鐘後不出現在比賽場中，或事先向審議委員會提出棄權的，另一方為勝方。

第 29 條

一方清楚地擊中另一方，根據效果分別宣告「有效」、「有技」、「一本」，兩次「有效」等於一個「有技」，兩次「有技」等於一個「一本」。

第 30 條

比賽時間：基礎時間以淨打 2 分鐘，可延長 1 分鐘和再延長 2 分鐘。

註 1：比賽原則上在規定的 2 分鐘時間內結束，但由於比賽是多個代表團參加，爲了公正準確，經代表團負責人或大會裁判提出，再經過大會總委員長、審議委員長、裁判長協議後，可以延長 1 分鐘或再延長 2 分鐘。

註 2：一方被另一方兩次取得「有效」後，仍要繼續比賽，此時主裁判爲了確保選手的安全，在徵得被動方選手團體負責人的同意後，可停止比賽。

註 3：如一方被另一方三次取得「有效」後，主裁判可以獨立中止比賽，判另一方爲「判定勝利」。

第 31 條

由「投」＋「極技」形成的「有效」：這種場合，一方倒下，攻擊者從微屈膝狀態用正衝拳、肘撞或腳踢兩次才有效。

註 1：倒地者從下反擊，「極技」無法完成則無效。

註 2：倒地者從下反擊，站立者受傷，根據受傷程度判定。

註 3：使用摔的動作，拖摔技者也跟著倒下則無效。

註 4：使對方頭部先著地，並造成受傷者，不管有意無意，均判定「注意」或「減點」。

第 32 條

有犯規動作出現，第一次「指導」，第二次「注意」，第三次「減點」，第四次「失格」（罰出場）。「減點」則判給對方一次「有效」。

第 33 條

爲了保證運動員的安全，規定如下幾類爲犯規行爲。

1.無論用何種方法攻擊襠部（註：無差別級比賽，體格指數相差大於 20，戴上指定的護具可以攻擊）。

2.用掌插擊對方頭部。

3.直接攻擊倒地的對手。

4.攻擊對手的背後（但對手轉身時可攻擊其下段）。

5.一直抓住對手搖晃。

6.不帶護面。

7.故意跑到場外，或故意背向對方，或 30 秒以上互相不攻擊。

第 34 條

除以上 7 款外，對裁判無禮貌或有惡劣的言行者，也是犯規，應給予相應的懲罰。

大展出版社有限公司
品冠文化出版社

圖書目錄

地址：台北市北投區(石牌)
　　　致遠一路二段 12 巷 1 號
郵撥：01669551＜大展＞

電話：(02)28236031
　　　　　28236033
傳真：(02)28272069

法律專欄連載 · 大展編號 58

台大法學院　　　法律學系／策劃
　　　　　　　　法律服務社／編著

1. 別讓您的權利睡著了(1)		200 元
2. 別讓您的權利睡著了(2)		200 元

·生活廣場· 品冠編號 61 ·

1. 366 天誕生星	李芳黛譯	280 元
2. 366 天誕生花與誕生石	李芳黛譯	280 元
3. 科學命相	淺野八郎著	220 元
4. 已知的他界科學	陳蒼杰譯	220 元
5. 開拓未來的他界科學	陳蒼杰譯	220 元
6. 世紀末變態心理犯罪檔案	沈永嘉譯	240 元
7. 366 天開運年鑑	林廷宇編著	230 元
8. 色彩學與你	野村順一著	230 元
9. 科學手相	淺野八郎著	230 元
10. 你也能成為戀愛高手	柯富陽編著	220 元
11. 血型與十二星座	許淑瑛編著	230 元
12. 動物測驗—人性現形	淺野八郎著	200 元
13. 愛情、幸福完全自測	淺野八郎著	200 元
14. 輕鬆攻佔女性	趙奕世編著	230 元
15. 解讀命運密碼	郭宗德著	200 元
16. 由客家了解亞洲	高木桂藏著	220 元

·女醫師系列· 品冠編號 62

1. 子宮內膜症	國府田清子著	200 元
2. 子宮肌瘤	黑島淳子著	200 元
3. 上班女性的壓力症候群	池下育子著	200 元
4. 漏尿、尿失禁	中田真木著	200 元
5. 高齡生產	大鷹美子著	200 元
6. 子宮癌	上坊敏子著	200 元

7.	避孕	早乙女智子著	200 元
8.	不孕症	中村春根著	200 元
9.	生理痛與生理不順	堀口雅子著	200 元
10.	更年期	野末悅子著	200 元

·傳統民俗療法· 品冠編號 63

1.	神奇刀療法	潘文雄著	200 元
2.	神奇拍打療法	安在峰著	200 元
3.	神奇拔罐療法	安在峰著	200 元
4.	神奇艾灸療法	安在峰著	200 元
5.	神奇貼敷療法	安在峰著	200 元
6.	神奇薰洗療法	安在峰著	200 元
7.	神奇耳穴療法	安在峰著	200 元
8.	神奇指針療法	安在峰著	200 元
9.	神奇藥酒療法	安在峰著	200 元
10.	神奇藥茶療法	安在峰著	200 元
11.	神奇推拿療法	張貴荷著	200 元

·彩色圖解保健· 品冠編號 64

1.	瘦身	主婦之友社	300 元
2.	腰痛	主婦之友社	300 元
3.	肩膀痠痛	主婦之友社	300 元
4.	腰、膝、腳的疼痛	主婦之友社	300 元
5.	壓力、精神疲勞	主婦之友社	300 元
6.	眼睛疲勞、視力減退	主婦之友社	300 元

·心 想 事 成· 品冠編號 65

1.	魔法愛情點心	結城莫拉著	120 元
2.	可愛手工飾品	結城莫拉著	120 元
3.	可愛打扮 & 髮型	結城莫拉著	120 元
4.	撲克牌算命	結城莫拉著	120 元

·少年偵探· 品冠編號 66

1.	怪盜二十面相	江戶川亂步著	特價 189 元
2.	少年偵探團	江戶川亂步著	特價 189 元
3.	妖怪博士	江戶川亂步著	特價 189 元
4.	大金塊	江戶川亂步著	特價 230 元
5.	青銅魔人	江戶川亂步著	特價 230 元
6.	地底魔術王	江戶川亂步著	特價 230 元

·武術特輯· 大展編號 10

・實用武術技擊・ 大展編號 112

1. 實用自衛拳法　　　　　　　溫佐惠著　250 元
2. 搏擊術精選　　　　　　　陳清山等著　220 元
3. 秘傳防身絕技　　　　　　　陳炳崑著　230 元

・道學文化・ 大展編號 12

1. 道在養生：道教長壽術　　　　郝　勤等著　250 元
2. 龍虎丹道：道教內丹術　　　　　郝　勤著　300 元
3. 天上人間：道教神仙譜系　　　黃德海著　250 元
4. 步罡踏斗：道教祭禮儀典　　　張澤洪著　250 元
5. 道醫窺秘：道教醫學康復術　　王慶餘等著　250 元
6. 勸善成仙：道教生命倫理　　　　李　剛著　250 元
7. 洞天福地：道教宮觀勝境　　　沙銘壽著　250 元
8. 青詞碧簫：道教文學藝術　　　楊光文等著　250 元
9. 沈博絕麗：道教格言精粹　　　朱耕發等著　250 元

・易學智慧・ 大展編號 122

1. 易學與管理　　　　　　　余敦康主編　250 元
2. 易學與養生　　　　　　　劉長林等著　300 元
3. 易學與美學　　　　　　　劉綱紀等著　300 元
4. 易學與科技　　　　　　　董光壁著　280 元
5. 易學與建築　　　　　　　韓增祿著　280 元
6. 易學源流　　　　　　　鄭萬耕著　280 元
7. 易學的思維　　　　　　　傅雲龍等著　250 元
8. 周易與易圖　　　　　　　　李　申著　250 元

・神算大師・ 大展編號 123

1. 劉伯溫神算兵法　　　　　　應　涵編著　280 元
2. 姜太公神算兵法　　　　　　應　涵編著　280 元
3. 鬼谷子神算兵法　　　　　　應　涵編著　280 元
4. 諸葛亮神算兵法　　　　　　應　涵編著　280 元

・秘傳占卜系列・ 大展編號 14

1. 手相術　　　　　　　　淺野八郎著　180 元
2. 人相術　　　　　　　　淺野八郎著　180 元
3. 西洋占星術　　　　　　　淺野八郎著　180 元
4. 中國神奇占卜　　　　　　淺野八郎著　150 元

5

5. 夢判斷	淺野八郎著	150 元
6. 前世、來世占卜	淺野八郎著	150 元
7. 法國式血型學	淺野八郎著	150 元
8. 靈感、符咒學	淺野八郎著	150 元
9. 紙牌占卜術	淺野八郎著	150 元
10. ESP 超能力占卜	淺野八郎著	150 元
11. 猶太數的秘術	淺野八郎著	150 元
12. 新心理測驗	淺野八郎著	160 元
13. 塔羅牌預言秘法	淺野八郎著	200 元

·趣味心理講座· 大展編號 15

1. 性格測驗① 探索男與女	淺野八郎著	140 元
2. 性格測驗② 透視人心奧秘	淺野八郎著	140 元
3. 性格測驗③ 發現陌生的自己	淺野八郎著	140 元
4. 性格測驗④ 發現你的真面目	淺野八郎著	140 元
5. 性格測驗⑤ 讓你們吃驚	淺野八郎著	140 元
6. 性格測驗⑥ 洞穿心理盲點	淺野八郎著	140 元
7. 性格測驗⑦ 探索對方心理	淺野八郎著	140 元
8. 性格測驗⑧ 由吃認識自己	淺野八郎著	160 元
9. 性格測驗⑨ 戀愛知多少	淺野八郎著	160 元
10. 性格測驗⑩ 由裝扮瞭解人心	淺野八郎著	160 元
11. 性格測驗⑪ 敲開內心玄機	淺野八郎著	140 元
12. 性格測驗⑫ 透視你的未來	淺野八郎著	160 元
13. 血型與你的一生	淺野八郎著	160 元
14. 趣味推理遊戲	淺野八郎著	160 元
15. 行為語言解析	淺野八郎著	160 元

·婦 幼 天 地· 大展編號 16

1. 八萬人減肥成果	黃靜香譯	180 元
2. 三分鐘減肥體操	楊鴻儒譯	150 元
3. 窈窕淑女美髮秘訣	柯素娥譯	130 元
4. 使妳更迷人	成 玉譯	130 元
5. 女性的更年期	官舒妍編譯	160 元
6. 胎內育兒法	李玉瓊編譯	150 元
7. 早產兒袋鼠式護理	唐岱蘭譯	200 元
8. 初次懷孕與生產	婦幼天地編譯組	180 元
9. 初次育兒 12 個月	婦幼天地編譯組	180 元
10. 斷乳食與幼兒食	婦幼天地編譯組	180 元
11. 培養幼兒能力與性向	婦幼天地編譯組	180 元
12. 培養幼兒創造力的玩具與遊戲	婦幼天地編譯組	180 元
13. 幼兒的症狀與疾病	婦幼天地編譯組	180 元

・青春天地・ 大展編號 17

7

・健 康 天 地・大展編號 18

·實用心理學講座· 大展編號 21

1.	拆穿欺騙伎倆	多湖輝著	140 元
2.	創造好構想	多湖輝著	140 元
3.	面對面心理術	多湖輝著	160 元
4.	偽裝心理術	多湖輝著	140 元
5.	透視人性弱點	多湖輝著	180 元
6.	自我表現術	多湖輝著	180 元
7.	不可思議的人性心理	多湖輝著	180 元
8.	催眠術入門	多湖輝著	150 元
9.	責罵部屬的藝術	多湖輝著	150 元
10.	精神力	多湖輝著	150 元
11.	厚黑說服術	多湖輝著	150 元
12.	集中力	多湖輝著	150 元
13.	構想力	多湖輝著	150 元
14.	深層心理術	多湖輝著	160 元
15.	深層語言術	多湖輝著	160 元
16.	深層說服術	多湖輝著	180 元
17.	掌握潛在心理	多湖輝著	160 元
18.	洞悉心理陷阱	多湖輝著	180 元
19.	解讀金錢心理	多湖輝著	180 元
20.	拆穿語言圈套	多湖輝著	180 元
21.	語言的內心玄機	多湖輝著	180 元
22.	積極力	多湖輝著	180 元

·超現實心靈講座· 大展編號 22

1.	超意識覺醒法	詹蔚芬編譯	130 元
2.	護摩秘法與人生	劉名揚編譯	130 元
3.	秘法！超級仙術入門	陸明譯	150 元
4.	給地球人的訊息	柯素娥編著	150 元
5.	密教的神通力	劉名揚編著	130 元
6.	神秘奇妙的世界	平川陽一著	200 元
7.	地球文明的超革命	吳秋嬌譯	200 元
8.	力量石的秘密	吳秋嬌譯	180 元
9.	超能力的靈異世界	馬小莉譯	200 元
10.	逃離地球毀滅的命運	吳秋嬌譯	200 元
11.	宇宙與地球終結之謎	南山宏著	200 元
12.	驚世奇功揭秘	傅起鳳著	200 元
13.	啟發身心潛力心象訓練法	栗田昌裕著	180 元
14.	仙道術遁甲法	高藤聰一郎著	220 元
15.	神通力的秘密	中岡俊哉著	180 元
16.	仙人成仙術	高藤聰一郎著	200 元

17. 仙道符咒氣功法	高藤聰一郎著	220 元
18. 仙道風水術尋龍法	高藤聰一郎著	200 元
19. 仙道奇蹟超幻像	高藤聰一郎著	200 元
20. 仙道鍊金術房中法	高藤聰一郎著	200 元
21. 奇蹟超醫療治癒難病	深野一幸著	220 元
22. 揭開月球的神秘力量	超科學研究會	180 元
23. 西藏密教奧義	高藤聰一郎著	250 元
24. 改變你的夢術入門	高藤聰一郎著	250 元
25. 21 世紀拯救地球超技術	深野一幸著	250 元

·養 生 保 健· 大展編號 23

1. 醫療養生氣功	黃孝寬著	250 元
2. 中國氣功圖譜	余功保著	250 元
3. 少林醫療氣功精粹	井玉蘭著	250 元
4. 龍形實用氣功	吳大才等著	220 元
5. 魚戲增視強身氣功	宮 嬰著	220 元
6. 嚴新氣功	前新培金著	250 元
7. 道家玄牝氣功	張 章著	200 元
8. 仙家秘傳祛病功	李遠國著	160 元
9. 少林十大健身功	秦慶豐著	180 元
10. 中國自控氣功	張明武著	250 元
11. 醫療防癌氣功	黃孝寬著	250 元
12. 醫療強身氣功	黃孝寬著	250 元
13. 醫療點穴氣功	黃孝寬著	250 元
14. 中國八卦如意功	趙維漢著	180 元
15. 正宗馬禮堂養氣功	馬禮堂著	420 元
16. 秘傳道家筋經內丹功	王慶餘著	300 元
17. 三元開慧功	辛桂林著	250 元
18. 防癌治癌新氣功	郭 林著	180 元
19. 禪定與佛家氣功修煉	劉天君著	200 元
20. 顛倒之術	梅自強著	360 元
21. 簡明氣功辭典	吳家駿編	360 元
22. 八卦三合功	張全亮著	230 元
23. 朱砂掌健身養生功	楊永著	250 元
24. 抗老功	陳九鶴著	230 元
25. 意氣按穴排濁自療法	黃啟運編著	250 元
26. 陳式太極拳養生功	陳正雷著	200 元
27. 健身祛病小功法	王培生著	200 元
28. 張式太極混元功	張春銘著	250 元
29. 中國璇密功	羅琴編著	250 元
30. 中國少林禪密功	齊飛龍著	200 元
31. 郭林新氣功	郭林新氣功研究所	400 元
32. 太極八卦之源與健身養生	鄭志鴻等著	280 元

・精選系列・ 大展編號 25

國家圖書館出版品預行編目資料

格鬥空手道 / 鄭旭旭 編著.
－初版－臺北市：大展 ， 民 83
面 ； 21 公分 －（武術特輯；8）
ISBN 957-557-448-6（平裝）
1. 空手道

528.977   83004499

行政院新聞局局版臺陸字第 100130 核准
北京人民體育出版社授權中文繁體字版

格鬥空手道

ISBN 957-557-448-6

編 著 者 / 鄭 旭 旭
發 行 人 / 蔡 森 明
出 版 者 / 大展出版社有限公司
社　　　址 / 台北市北投區（石牌）致遠一路 2 段 12 巷 1 號
電　　　話 / （02）28236031・28236033・28233123
傳　　　真 / （02）28272069
郵政劃撥 / 01669551
E - mail / dah_jaan@yahoo.com.tw
登 記 證 / 局版臺業字第 2171 號
承 印 者 / 高星企業有限公司
裝　　　訂 / 日新裝訂所
排 版 者 / 千兵企業有限公司
初版 1 刷 / 1994 年（民 83 年） 6 月
初版 2 刷 / 1996 年（民 85 年） 9 月
初版 3 刷 / 1999 年（民 88 年） 8 月
初版 4 刷 / 2002 年（民 91 年） 9 月

定價 / 200 元

品嘗好書　冠群可期